名师名校名校长

凝聚名师共识
回应名师关怀
打造名师品牌
培育名师群体

顾明远

在教学与科研中享受教师职业的幸福

刘崎 / 著

人民文学出版社　天天出版社

图书在版编目（CIP）数据

在教学与科研中享受教师职业的幸福 / 刘崎著. —
北京：天天出版社，2023.12
ISBN 978-7-5016-2213-9

Ⅰ.①在… Ⅱ.①刘… Ⅲ.①中学物理课—教学研究
—高中 Ⅳ.①G633.72

中国国家版本馆CIP数据核字（2023）第248861号

责任编辑：温艾凝　　　　　　　　**美术编辑**：曲　蒙
责任印制：康远超　张　璞

出版发行：天天出版社有限责任公司
地址：北京市东城区东中街42号　　　　**邮编**：100027
市场部：010-64169902　　　　　　　　**传真**：010-64169902
网址：http://www.tiantianpublishing.com
邮箱：tiantiancbs@163.com

印刷：北京政采印刷服务有限公司　　　**经销**：全国新华书店等
开本：710×1000　1/16　　　　　　　**印张**：12.25
版次：2023年12月北京第1版　　　**印次**：2023年12月第1次印刷
字数：195千字

书号：978-7-5016-2213-9　　　　　　　**定价**：58.00元

在谈及高等教育中教学与科研的关系时，我国著名物理学家钱伟长提出："大学必须拆除教学与科研之间的高墙，教学没有科研做底蕴就是一种没有观点的教育，没有灵魂的教育。"这段论断对今天的基础教育而言同样适用。教师只有具备较高的科研水平，才能对教学内容思考得更为深刻、透彻，才能对知识把握得更为准确，教学才更易做到"深入浅出"，更有助于学生的学习与理解。20年间，刘崎老师不忘教育初心，用心耕耘教学；突破成长瓶颈，提升专业水平；以科研为先导，提炼教学思想；依托工作室平台，打造生态共同体。他用心耕耘教学，潜心参与科研，在教学与科研的过程中享受着教师的幸福。

一、不忘教育初心，用心耕耘教学

2002年6月，怀着对党的教育事业的崇尚，承载着青春的梦想和人生的期盼，刘崎老师从华南师范大学毕业后毅然回到了梅州山区的一所学校——梅州市曾宪梓中学，从此走上三尺讲台。

"起始于辛劳，收结于平淡"，这是教育工作者的人生写照。毕业出来工作的前十年，刘崎老师一直站在教育教学的最前沿，担任班主任、年级组长工作。在学校多年的培养下，他渐渐地成长起来，教育教学成绩突出，其中2005年所教第一届学生钟汶林夺取梅州市物理单科状元；2008年所教第二届学生陈爱民以物理单科150分（满分）勇夺广东省物理单科状元，且以总分 657 分获梅州市理科总分第二名。

从教不到十年就培养出两个高考物理单科状元，这样的成绩足以让人骄傲。但刘老师的内心一直有不一样的想法：能为学校、社会培养出"状元"固然是一名教师莫大的荣幸，但是能帮助和转化一名学困生，使他如愿迈入大学之门则是一名教师最大的幸福。所以，他不把培养高考状元当作唯一追求，而是把更多的时间和精力给予那些更需要关心和帮助的学生，让他们都能考上理想大学。

从2008年开始，刘崎老师接手学校年级组工作，在年级管理中，他坚决服从学校的工作安排，以校为家，具有高度的责任心，严谨的工作作风和良好的思想素养；他用爱心、诚心、耐心去爱每一名学生，尊重学生差异，绝不让任何一名学生掉队。特别是高三最后一年，他带领全体高三教师紧紧围绕高考目标，研究考纲，分析高三学生的心理特点，有效地开展班级和教学管理工作，同时立足于学生的实际情况，培养学生的信心、耐心、细心和恒心，在他的带领和全体师生的共同努力下，学校2011届高三毕业生620人，重点线以上158人，本科线以上530人，占学校考生总人数85.4%，本科上线率位居全市第一名。

由于工作认真，成绩突出，刘崎老师于2008年被梅州教育局评为"梅州市优秀班主任"，并于2009年被共青团梅州市委员会评为"梅州市优秀团员"，且在2011年被梅州市总工会授予"五一劳动奖章"。

他说："我为成为一名教师而感到幸福，因为教师的服务对象是这个世界上最纯真无邪的人，教师只有享受教师职业的幸福，才不会为每天的备课、上课、改作业而苦恼。"这正是一个幸福教师的最真实写照。

二、突破成长瓶颈，提升专业水平

刘崎老师在教育战线上只用不到十年的时间，就收获两个高考状元，可谓是"名声在外"。然而他越发感觉，在高考成绩的光环下，自己从当年刚踏入讲台时的豪情万丈慢慢地趋于安于现状，甚至一度产生"厌教"的情绪，投入教学研究上的时间和精力也越来越少。

2010年9月，在时任校长李广平同志的主持下，梅州市曾宪梓中学启动"第一届校级名师工程"。刘老师与学校众多青年教师一同加入了该工程。从当时来看，校级名师工程是各级各类教师培训中水平比较低的，但由于它基于本校教师诉求和学校需求，且设计合理、组织有序、考核规范，参训的每一位教师在两年培训周期内都认真阅读，学习新的教育教学理念，从而在整体上提高了学校教师的专业水平。

在校级名师工程引领下，刘崎老师用心完成教学工作，主动探索新的课堂教学模式，积极撰写教学反思和教学论文，并尝试开展教学研究和课题研究。其间，他撰写的论文《探究式问题情境的创设在物理教学中的应用》发表于市级刊物《梅州教育》（2013年第2期）；课堂教学设计《液体的表面张力》获得2010年省论文评比二等奖；主持的校级课题"从终结性评价看高三物理教学策略"获得2010年梅州市第五届普通教育教学成果奖二等奖。此外，他还参与了广东省教育科研"十二五"规划2013年度课题"欠发达地区高中教师校本研修有效模式实践研究"。

校级名师工程为学校青年教师的成长和发展提供了一个有效的平台，它培养了一大批省、市级优秀青年教师，为梅州市曾宪梓中学的持续发展作出了重要贡献，而刘崎老师自然也是其中的受益者。

三、走进省百工程，转变教育观念

2014年对刘老师来说注定是不平凡的一年。年底，广东省教育厅在全省范围内轰轰烈烈地开展了广东省中小学新一轮"百千万人才培养工程"名教师、名校长和教育家的遴选活动。"百千万人才培养工程"是广东省建设南方教育高地和教育强省的一项系统工程，遴选条件极其苛刻，可谓万里挑一。刘崎老师通过校内层层竞选，最后成功代表学校送市教育局参加省名教师项目的遴选。经过省评审专家对申报材料评审及专家评审小组现场的综合素养面试双重考核，刘崎老师顺利入选"百千万人才培养工程"第二批名教师培养对象，成为梅州市中学组中唯一入选的教师，这在当地引起很大的轰动。

———— **遴选感悟** ————

对本次的"省百"的申报，我是曾经后悔过的：当得知要在短时间内完成申报材料的填写，特别是要提交8分钟左右的"微课"视频时我感到无所适从。

而那几天时间恰巧期末全市联考正在进行，我的大部分时间和精力都要用来改卷、评分。因此一度想过要放弃参加遴选。但想到学校的栽培和同事的信任，我还是坚持了下去。

2015年7月13日，广东省新一轮"百千万人才培养工程"在华南师范大学正式启动。进入广东省最高端研修平台，我的肩上自此多了一份荣耀，更多了一份责任。能够与这么多的优秀教师同行，我在通往优秀的路上目标越发明确、步伐越发稳健。

在三年的省百培训中，发达地区的教育观念与教学效果给刘崎老师的教育教学理念带来极大冲击，从而促使他重新审视自己，调整自己，完善自己，并促使他在以后的教学中不断进步，逐步形成自己的教学思想；在实践中进行教学研究、课题研究，不断提升教科研水平，做个科研型教师；在创新中构建良好的教育教学策略，在发展中形成独特的教育教学风格，做个专家型教师。

名师培养对象要有崇高的教育情怀，能够充分发挥其示范引领作用，刘老师在2017年和2018年连续两年参与广东省教育厅组织的送教下乡活动，深入广东教育欠发达地区，开展巡回讲学，传播教育智慧，助推其他学校教师专业成长和教学理念水平提升。

三年来，在新一轮广东省中小学"百千万人才培养工程"的引领下，在物理工作室专家的悉心指导下，刘崎老师先后在《中学物理教学参考》《中学物理》《广东教育》等省级以上期刊发表十余篇论文；主持广东省教育科学"十三五"规划2016年度重点课题"基于生活体验的高中物理有效教学实践研究"；出版教学成果《生活物理 体验穷理——生活体验活动及其在中学物理教学中的应用》一册，该教学成果获得第29届广东省中小学教育创新成果二等奖。

华南师范大学基础教育培训与研究院以先进的"双导师（理论导师+实践导师）"的培养模式，为广东省新一轮"百千万人才培养工程"培养对象导航引路，使其观念接受洗礼，理论得到升华，个人视野进一步开阔，逐步形成自己的教学思想。

四、提炼教学思想，实施科研兴校

刘崎老师认为，在中小学阶段做科研并不是高远的活动，就是找到一个合适的研究主题，引领教学研究，让教师的日常教学更有计划性、更系统、更深刻、更科学，从而不断提升教师的教科研水平，使教师从"经验型教师"向"研究型教师"转变。

在教学中，学生的体验最为真实。因此，可以引导学生将生活和体验结合起来，通过体验来促进学生提高学习兴趣和动手能力，使学生在体验的过程中自由、快乐地学习和探索。在物理教学中，刘崎老师致力于挖掘生活资源，制作具有趣味性和创新性的实验活动，通过引导学生自主探究、亲身体验，使学生在探究中求悟，在体验中求真，探寻物理本质，增强问题意识，发展实践创新能力，形成正确的科学态度和价值观，从而满足学生终身发展的需求。在教学实践中，他一直致力做个有思想、有大爱的教师，培养学生有思想、有抱负。"生活物理、体验穷理"是他长期扎根在教学实践中形成的教学理念。

基于"生活物理、体验穷理"的教学理念，自2017年以来，刘崎老师带领学校物理组以"科技与创新"为主题，策划了"创意物理小发明""水火箭""自制简易马达"等多个物理课外体验活动项目。这些项目分为个人项目和团队项目，个人项目侧重于培养学生的创新能力；团队项目侧重于培养学生的团队合作意识。他组织的每次物理科技创新活动都会吸引高一、高二数百名学生的热情参与，为所在学校学生提供一个实践创新、自主发展的平台，也对梅州地区多所学校起到了良好的示范和引领作用，有助于解决教科书内容的"单一性"与培养目标的"多样性"的矛盾，使学校成为梅州区域教育创新的一面旗帜。

刘崎老师在几年来的课题研究及实施中发现：在高中物理教学中开展"生活体验"活动案例开发及教学实践，符合新课程改革的要求，有利于实现以学生为教学主体，也有利于让学生喜欢物理课堂，具体结论如下：

（一）"生活体验"活动融入高中物理教学，是实现有效教学的重要途径

在高中物理教学中引入生活体验活动后，学生的自主尝试、自主预习、自

主领悟、自主质疑、自主合作、自主评价的能力有了明显提高；学生的能力、情感、态度、价值观等方面都得到发展；学生的思维能力、分析能力普遍提高，从而有利于实现高中物理有效教学。

（二）开展校级物理科技创新活动，有利于培养学生动手能力和创新能力

以培养学生创新精神和科学素养为目标，注重学生实践能力和个性发展的科技创新实践活动越来越受到学校学生的喜欢和重视。物理科技创新活动寓教于乐，深受学生与教师喜爱，通过亲身实践、动手操作，学生能够把课堂所学的知识运用于实践。比赛作品的原材料均就地取材，来源于生活资源，体现了作品的原创性；比赛作品的设计，科学依据正确，样式新颖独特，体现了作品的创新性，从而真正体现了"从生活走向物理，从物理走向社会"，培养了学生的动手能力和对科学的兴趣。

五、依托工作室平台，打造生态共同体

一花独放不是春，万紫千红花满园。2018年4月，新一轮（2018—2020年）广东省中小学名教师、名校（园）长工作室在华南师范大学正式启动，刘崎老师成为全省各个地市的439个工作室主持人之一，这既是作为广东省中小学"百千万人才培养工程"名教师培养对象的刘崎老师的教育教学成果的展现，更是他以名师之力辐射带动有为教师专业成长的开端。刘崎老师以梅州山区教师专业能力建设为核心，面向全市以中青年骨干教师培养培训为重点，通过专家引领、同伴互助、自我反思的三维对话，努力打造了一支"生态化动车型"的研修共同体。

2018年11月19日上午，梅州市曾宪梓中学宪概楼二楼举行了"广东省中小学刘崎名教师工作室"揭牌仪式，工作室专家团队及来自全市各个县区中学的8位骨干成员参加揭牌仪式。李炜豪校长在致辞中说，"广东省刘崎名教师工作室的成立是宪人的骄傲，更是推动宪中教师团队建设的机遇。"揭牌仪式之后，工作室随即开展为期一周的第一次集中研修活动。

─────── **学员心得** ───────

刘学员：七天时间对于漫长的教师职业生涯来说是十分短暂的，但是如果能将此次所得带回自己的工作岗位，并不断地学习，持之以恒地实施，意义又是十分深远的。

陈学员：这些天的学习是辛苦劳累的，但是也让我们获得了快乐，今后，我将以此为起点，继续学习，不断探究，不懈地提高自己的科学素养和教育教学水平，让自己成为一名反思型、创新型受学生喜爱的教师，让自己的教学水平更上一个台阶。

通过第一期跟岗研修学习，8位骨干成员都表示受益匪浅，一致认为这样的培养能有效推动教师专业的发展。

专家引领，格物穷理。工作室高起点规划、高标准实施，依托广东省新一轮"百千万人才培养工程"，先后邀请多位大学教授、教研员、中学名教师，或开设讲座分享经验，或走进课堂教学研究，或高考主题研讨交流。其中规模最大的是2019年8月，广东省新一轮"百千万人才培养工程"物理名教师、广东省名师工作室主持人带领各自工作室成员云聚中山市华侨中学、中山市第一中学，探讨物理的教与学、分享学术成功者的科研成果之活动，该活动平台之高、规模之大、成员之多，在全省工作室活动中是屈指可数的。

示范带学，传递经验。工作室开展工作以来与丰顺县黄金中学物理科组举行"同成长、共发展"签约启动仪式，并分别走进兴宁市田家炳中学、五华田家炳中学、丰顺县华侨中学、丰顺县黄金中学开展送教下乡活动。通过专题讲座、听课评课、备考研讨等形式，教师们交流经验、分享成果、思想碰撞，不仅让工作室成员受益匪浅，也为山区学校的教师们开辟了一方新天地。

提炼思想，开发案例。工作室成员以"生活物理，体验穷理"的教育思想为指引，构建了"体验、建构、发展"的开放式教学模式，形成了"生活体验活动"案例开发的"四八六"模式。在全体工作室成员的共同努力下，现已开发

"生活体验活动"案例、教学设计多个，出版生活物理实验相关专著两部，并定期在工作室公众号发布相关成果，为一线教师提供了很好的借鉴与实践操作的机会。

在三年的时间里，广东省刘崎名师工作室全体成员挥洒汗水，用辛勤的双手去浇灌这方乐土，使名师工作室成为教学研讨的集散地、教师成长的助推器、名师培养的孵化器。

二十载春华秋实，看今朝破茧成蝶！路遥说："只有初恋般的热情和宗教般的意志，人才能成就某种事业！"而刘崎老师坚信：教师只有自觉、积极、主动地有所为，用心耕耘教学，潜心参与科研，才能受到学生欢迎，才能在职业生涯中体验和享受教师的幸福。

广东《少男少女》杂志总编　方观生

目 录

第四章　学校管理实践与科学备考

第五章　课题研究及活动成果

第一章

个人成长故事

愿把青春奉献给党的教育事业

人们常说，学生是一块正待雕琢的璞玉，遇上技艺精湛的教师就会成器、成才。哪个教师不想让自己的学生成才？但只有那些真正用心去培养学生的教师才可能有效促进学生的全面健康成长。

2002年，我怀着对党的教育事业的崇尚，承载着青春的梦想和人生的期盼，来到了梅州市曾宪梓中学，从此走上三尺讲台，一眨眼，我在教育这块沃土上已辛勤耕耘了二十几个春秋了。多年来我一直站在教育教学的最前沿，担任班主任、年级组长工作，先后送走了四届高三毕业生。在学校多年的培养下，我渐渐地成长起来，教育教学成绩突出，其中2005年所教第一届学生钟汶林以物理单科876分（标准分），夺取梅州市物理单科状元；2008年所教第二届学生陈爱民以物理单科150分（满分），勇夺广东省物理单科状元；2012年在梅州市第二届高中物理实验能力操作比赛中，指导学生黄志宁从全市128名参赛选手中脱颖而出，获得了全市第一名。

出色的高考及竞赛成绩得到学校领导和物理教师同行们的认可，从教以来，我先后荣膺市"优秀班主任"、市"优秀团员"和市"五一劳动奖章"等称号。

"起始于辛劳，收结于平淡"，这是我们教育工作者的人生写照。多年的教育生涯虽说是艰辛和平淡的，然而，当面对一张张清纯可爱的面孔，倾听一声声清脆的"老师好"时；当走进圣洁的课堂，看到一双双渴求知识的双眸，品读一颗颗等待塑造的心灵时；当看到一个个生龙活虎的身影，一张张天真烂漫的笑脸时；当收到一条条节日问候；当听到一个个学生的事业的发展与成功时，我又是那么激动，那么满足。

"刘崎老师，非常有幸在宪中有您做我们的年级组长和上我们的物理课，虽然上大学快一年了，明天又是一年高考时，但心中还是充满感激，谢谢宪中的好老师，谢谢您！"这是2012年6月高考前一天晚上我收到的一名学生发来的信息，看着这条信息，我的思绪又回到了2009年。

那是一名内向的男生，对物理有着强烈的兴趣，却始终找不着学习的窍门，成绩总在中下游徘徊。高二刚接手他所在的班时，他在作业中夹了一张纸条给我，讲述了他的困惑和迷茫，甚至还流露出退学的念头。当时我的心里很难受，心想：决不能让任何一个孩子成为遗憾。于是我约他面谈，在交流中，我注意到他的物理思维敏捷，只是知识体系不够完善，更重要的是他缺乏起码的学习信心。找到了问题的根源，也就找到了解决问题的途径。接下来我多次与他接触，帮助他重拾信心。一方面，我根据他的实际情况帮助他制定学习的长远规划和短期目标，既严格要求，又为他的点滴进步而喝彩；另一方面，我利用周末的休息时间，帮他梳理物理知识体系。慢慢地，自信的笑容回到了他的脸上，尽管过程有些反复，但他的进步是显而易见的。他也从心里真正接纳了我，不管是遇到困难还是获得成功都愿意和我共享。

2011年高考他的理科综合成绩获得260分，并以优异成绩被中国科技大学录取，临上大学前，他的父亲给我打来电话，说了很多感谢的话，同时道出了事情的原因：原来他在高一时因为某些原因和班主任闹了矛盾，在新的班组中，同学间的不熟悉，老师的不理解，使他产生了厌学的情绪。他父亲哽咽着说："是您一直对我小孩的不离不弃，才有了他的今天，谢谢您！"

我身边的同事曾不止一次问我：你已收获两个高考状元，是什么让你对一名"后进生"倾注如此多的心血？我想，这是因为我的内心一直有这样的一份执着：能为学校、社会培养出学习"状元"固然是我莫大的荣幸，但是能帮助和转化一名后进学生，使他如愿迈入大学之门则是我最大的幸福。培养高考状元不是我的目标，我应该把时间和精力平等地给予那些更需要关心和帮助的学生，让他们都能考上理想大学。

回顾自己的成长历程，我心潮澎湃。从教二十余年，我从单纯的喜欢学生到全身心投入我所钟爱的教育事业，在这条洒满阳光的道路上，无数人也曾为我付出。教育这片沃土孕育了我，宪中这所充满朝气和活力的学校为我搭建了不断前进的舞台。我深深懂得，我所做的一切都极其平凡，我和周围的同事一起每天为我们的学生做着该做的一切——备课、上课、批改作业、谈心、家访……是各级领导的关爱、老教师的言传身教、同事们的无私相助，使我拥有了如此多的荣誉，离开了他们，我将一事无成。因此，当我面对鲜花和掌声时，感激和不安在我心头同时翻涌，每当此时，我的眼前都会闪现出那一张张熟悉的、亲切的、充满期盼的笑脸，永远值得我回忆的往事一幕幕历历再现。我无悔于我的生命，更无悔于我成为一名人民教师的选择，在这三尺讲台上，阅历春秋，默默耕耘，用我的爱心、诚心、耐心去换取学生的开心，家长的放心，祖国的振兴，这是我人生最大的愿望！

一颗初心以德育才，一腔热血守正担当

——我的教育、扶贫故事

2002年6月，怀着对党的教育事业的崇尚，承载着青春的梦想和人生的期盼，我从华南师范大学毕业后毅然来到了梅州市曾宪梓中学任教，从此走上三尺讲台。

"起始于辛劳，收结于平淡"，这是教育工作者的人生写照。毕业参加工作以来，我一直站在教育教学工作的最前沿，担任班主任、年级组长工作。并以民主、勤勉、务实的教学风格和工作作风深受学生欢迎和同事信赖。在学校多年的培养下，我渐渐地成长起来，教育教学成绩突出，如所带前两届高三毕业班学生分别获得省、市物理单科状元。

教学不仅是传道授业，更多的是解惑，引领学生形成良好学习习惯，发展核心素养，树立正确价值观念，从而努力为学生一生的发展奠定基础。

爱岗敬业，乐于奉献。我一直为成为一名教师而感到幸福，因为教师的服务对象是这个世界上最纯真无邪的人——学生。教师只有享受教师职业的幸福，才不会为每天的备课、上课、改作业而苦恼。

图1　在教学中享受教师的幸福

　　我在教学战线上用很短的时间，就收获两个高考"状元"，可谓是"名声在外"。然而我越发感觉到，在高考成绩的光环下，自己已从当年刚踏上讲台时的豪情万丈慢慢地趋于安于现状，甚至一度产生"厌教"的情绪，越来越少把自己的时间和精力投入教学研究上。

　　鸡蛋，从外打破是食物，从内打破是生命。人生也是这样，从外打破是压力，从内打破是成长。而我的二次成长需要一个有效的平台。

　　机会始终会留给有想法的人。2015年初，我通过省、市层层遴选，成功入选广东省新一轮"百千万人才培养工程"名教师培养对象，成为当年我市中学组唯一入选的教师。

　　能够进入广东省最高端教育研修平台，我的肩上自然多了一份荣耀，更多了一份责任。和这么多优秀教师一路同行，使我在通往优秀的路上目标越发明确、步伐越发稳健。

图2　2019年随广东省百千万工程赴港名师团对中国香港基础教育进行考察

　　2016年5月9日，是我难以忘怀的日子。随着新时期国家精准脱贫攻坚的一声令下，应学校党组织的要求，我被派驻到兴宁县叶塘镇上中村做驻村第一书记。

　　从单位确定人选到正式脱岗驻村，只有不到短短的两个星期。从一名教育者瞬间转变成一名扶贫人，心理的波澜。但我深知，作为一名共产党员，要的是敢于担当和奉献的精神，在关键时刻要发挥党员的先锋模范作用。没有任何的附加条件，我带着沉甸甸的责任和光荣的使命，走上为期三年的国家扶贫之路。

　　上中村是一个距离兴宁县城约30公里、距离镇政府约15公里的边远山区村落，全村人多地少，居住分散，交通极不方便。自2016年5月驻村以来，我深入贯彻落实中央关于扶贫开发的一系列重要指示精神，坚持规划到户、责任到人，扎实推进脱贫攻坚八项工程，提高帮扶村贫困人口的收入，着力改变当地落后面貌，全面推进扶贫开发工作。

图3　2016—2019年到兴宁叶塘镇上中村任驻村第一书记

三年的驻村扶贫工作，流下了很多汗水和泪水，更多的是令人感动的故事。

无微不至的叶塘好书记——刘崎老师

徐凯春

三尺讲台育桃李，一支粉笔解时空。为响应新时期精准扶贫的号召，他走下讲台，走出校门，来到兴宁为贫困户答疑解惑，为扶贫事业出谋划策，他就是梅州曾宪梓中学派驻叶塘镇上中村的第一书记——刘崎老师。

刘老师于2016年5月到叶塘镇扶贫，他的住宿条件十分简陋，一个房间，一张床，一张桌子，另加一个凳子，其他都要靠自己解决。刘老师自带的蚊帐无处可挂，临时在墙上四个角落，钉了四个钉子，然后用绳子将蚊帐绑到钉子上，就像搭了一个临时帐篷，一直坚持到现在。房间位于一楼，周围树木茂密，非常潮湿，衣服经常会发霉，而且窗户没有玻璃，有一次刮大风、下大雨，雨水从窗户进入房间，把他的被子和床垫全部打湿，害得刘老师没地方睡觉。刘老师说，扶贫干部条件太艰苦了，各单位领导应该多过来关心关心。

图4　叶塘镇驻村扶贫干部的住所

刘老师与青山队长两人是搭档，一个是第一书记，一个是工作队队长。由于青山队长是外地人，听不懂客家话，刘老师便充当翻译官和协调人，在大力帮助困难群众、给予无微不至关怀的同时，给贫困户讲政策、摆道理，严重批评"等靠要"思想，不过个别人的保守思想一时半会难以改变。

对于叶塘镇各位工作队队长任务繁重、工作辛苦，刘老师心知肚明，并给予无微不至的关怀，刘老师说，能够来到这么艰苦的环境参加扶贫工作，支持梅州的建设，大家都很不容易，都很给力，并称扶贫队长们为"扶贫战士"。

……

本来应该在绿树成荫、书声琅琅的校园里传道授业解惑的教书先生，如今却投身于精准扶贫事业，让我们这个扶贫大家庭更加团结、更有活力、更加友爱、更加精彩。学高为师，德高为范，刘老师深厚的客家文化底蕴，高尚的思想道德品格，以及对他人无微不至的关怀，都让他成为值得我们学习的榜样。驻叶塘镇上中村第一书记刘崎老师，无论在工作上、生活上，还是精神上，都是我们心目中的好书记。

（有删减）

2018年1月

新时期脱贫攻坚战场"骨头"之硬、"战事"之艰，难以想象。每一个扶贫干部都肩负着沉甸甸的责任。但在这条路上，无数扶贫干部义无反顾、前赴后继。他们用自己的奉献之火、生命之光照耀着苦寒的土地，温暖群众的心灵，唤起千万贫困群众战胜贫困的希望与信心。

从2016年5月到2017年，在任驻村"第一书记"一年半以来，我严格按照省、市扶贫工作部署，在驻村工作组的努力下，在村"两委"干部的帮助下，上中村容村貌和村民思想观念发生很大转变，我们用服务群众的情怀及个人的修养和品德取得了百姓的支持和认同，各项帮扶工作进展得扎实有序，并取得了良好成效，上中村的全面脱贫指日可待。

2018年，又是一个不寻常之年。在离新时期精准脱贫攻坚战结束还有一年的当口。由于学校教学和管理的需要，我毅然接受学校的安排，重返学校，担任物理教学工作和教务管理工作，过着教育、扶贫两边干，学校、村里两头跑的人。

一路风雨一路欢歌，一串艰辛一摞收获！在2016年到2019年三年的教育、扶贫工作中，我付出了艰辛，也收获了成长。三年的扶贫工作，我表现突出，被广东省扶贫开发领导小组评为"2016—2018年脱贫攻坚突出贡献个人"；在教学管理工作中，我脚踏实地做好教学管理和服务工作，从规范教学常规、重视考试管理、抓好培优竞赛、加强新高考研究等方面进一步完善我校教学管理；在个人教学思想上，我通过近几年的课题研究和教学实践，提炼出"生活物理，体验穷理"的体验式教学思想，带领物理科组开展了一系列的科技创新活动；在科研领域中，我于三年内先后在《中学物理教学参考》《中学物理》等省级期刊发表多篇教学论文，主持并完成一项省级重点课题，其中课题成果获得2018年广东省中小学教育创新成果二等奖；在示范引领方面，2017年至2019年，我连续三年参与广东省教育厅组织的送教下乡活动，深入广东教育欠发达地区，开展巡回讲学，传播教育智慧，助推其他学校教师专业成长，同时充分发挥广东省名师工作室之力，承担培养我市青年骨干教师之重任。

图5　2017年参与省厅组织的送教下乡活动（龙川县实验中学）

图6　名师工作室开展跟岗研修活动

　　回顾自己的成长经历，我心潮澎湃，感慨万千。我与教育结下良缘，其间走向扶贫战线。从育人杏坛走向国家扶贫岗位，恰似昨天的一场梦；回顾自己的人生轨迹，坎坷多磨，抑扬顿挫，犹如一首歌。

　　我无悔于我的生命，更无悔于我的选择，在这充满荆棘的教育、扶贫之路上，我阅历春秋，默默奉献，用我的爱心、诚心、耐心去换取学生的开心，祖国振兴，这是我人生最大的愿望！

一颗初心以德育才，一腔热血守正担当！我愿意把青春奉献给党。

图7　2019年9月跟随梅州市高层次人才研修班到河南省林州市红旗渠参观学习

第二章

广东省"百千万人才培养工程"培训总结

遴选感悟

2015年2月，非常荣幸，经校、市选拔我参加了广东省教育厅开展的新一轮"百千万人才培养工程"第二批培养对象的遴选。经过省评审专家对申报材料的初审及专家评审小组现场的综合素养面试的前后两轮考核，顺利入选新一轮"百千万人才培养工程"第二批培养对象，成为我市初、高中组中唯一入选培养对象。

本次遴选已经尘埃落定，但回首整个过程，仍历历在目。现静下心来，将遴选过程中的所见、所闻、所感与各位分享。

一、遴选过程

（一）准备申报材料（2015年2月5日至8日）

（1）填写《广东省中小学新一轮"百千万人才培养工程"培养对象申报表》。

（2）提交一段8分钟以内的"微课"，记录在课堂内外教育教学过程中围绕某个知识点（重点、难点、疑点）或教学环节而开展的教与学活动的全过程。

（二）综合素养面试（2015年3月11日至13日于广东邮电职业技术学院）

1. 答辩分组

"名教师"答辩设6个组（幼儿园组、小学组、初中文科组、初中理科组、高中文科组、高中理科组）；6个组同时进行答辩，分学段、分学科进行。

2. 答辩程序

（1）个人陈述：答辩人对本人突出的工作业绩及成效、个人特色及风格、教育教学反思与发展规划等作简要阐述。时间不超过5分钟。

（2）专家问答：专家评审小组根据答辩人的申报材料及个人陈述情况，向答辩人提问，答辩人即时作答。时间不超过15分钟。

3. 专家评审小组现场问答实例

（1）你认为"名师"的标准是什么？对比"名师"标准，你认为自己的个人亮点是什么？又有哪些方面的不足？

（2）根据"课程标准"，谈谈你如何进行物理课堂教学设计。另外，请你谈一下你的教学设计的过程与方法。

（3）你认为物理学科相比其他学科而言的最大特色是什么？

（4）你主持的课题"从终结性评价看高三物理教学策略"取得了哪些预期成果？

二、心得体会

（一）在困境中迎难而上，在希望中且行且珍惜

对本次遴选申报，一开始我并没做好思想准备，甚至一度"后悔"过。当得知要在短短三四天时间内完成申报材料，特别是要提交8分钟左右的"微课"视频时，我感到有些无所适从。近5000字的申报材料的填写还好一些，但"微课"设计和录制呢？我初时几乎没有一点头绪。而那几天时间恰巧又在进行全市期末联考，我的大部分时间和精力都要用于改卷、加分。材料填写、微课设计录制、改卷加分使我倍感煎熬。但想到学校的信任，我知道自己不能就此放弃，所以还是硬咬紧牙关坚持下来完成材料申报。

虽然面试答辩初定时间是3月上旬，且自己能否进入面试还是一个未知数，但我还是为此做好准备。一方面，我在放假前到学校图书馆向毛老师借了《中学物理教学参考》《物理教师》等4套共24册物理教学杂志，计划利用寒假时间来学习；另一方面，我在网上搜索以往类似有关面试答辩的相关信息。

正是因为这一份坚持，使我克服万难，完成申报材料，并进入面试；正是因为这一丝希望，使我提前做足了准备，最后顺利通过面试答辩。

（二）"磨刀不误砍柴工"

在平时教育教学过程中要扎实、规范开展教学工作，同时要善于总结和反思。虽然在面试前已做了一定的准备，但教师个人的教育教学综合素养更多地体现在日常教育教学实践中的点滴积累，这是短时间内无法准备的，而我在这方面的不足在面试答辩中不出意外地暴露出来。从专家评审小组现场提的问题来看，问题并不苛刻，但如果平时教学中缺少实践操作，缺少总结和反思，就也很难答得准确或得到专家认同。虽然我最后侥幸过关，但这却给了我很大的触动。

（三）要适应新时期教育改革的要求，适应角色转变

我在教育战线上工作多年，也在几轮的高中循环教学中积累了一定的经验，可谓是"经验丰富的教师"。但是随着我国基础教育改革的不断深入及教师专业化运动的勃兴，我们梅州山区教育与发达地区教育水平差距不断拉开，若我们还满足于做一个"教书匠"，不主动实施教学改革和创新，不敢于探索新的课堂教学模式，那我们将难以适应新时期教育教学的要求。

近年来，我们学校积极开展"名师"培养工程，这为我们青年教师的成长提供了有效的平台，促进了我校教师专业水平的不断提高。借助这个平台，今后我将在教学实践中进行教学研究、课题研究，潜心撰写论文，在实践中总结，在总结中实践，力争早日成为一名"研究型教师"。

第一年度学习总结

2015年本人经过省市遴选入选广东省新一轮"百千万人才培养工程"第二批高中理科类名教师培养对象。华南师范大学基础教育培训与研究院以先进的"双导师（理论导师+实践导师）"的培养模式，为本次培训精心策划课程，邀请国内一流的教育专家学者为我们引路，不知不觉经历了一年的学习，我在观念上得到洗礼，在理论上得到升华，在个人视野上进一步开阔，逐步形成自己的教学思想。

一、科学规划明确前进方向

我在高中物理学科教学这条战线上工作多年，前后数轮的高中循环教学让我积累了一定的教学经验。在多年的工作中，我始终坚持加强理论学习，努力提升自身的教育理论水平，在教学中注重根据学生实际，因材施教，因此，取得较好的教学成效，在高考中屡创佳绩，所教学生曾在2005年和2008年获得梅州市、广东省物理单科状元。但是随着我国基础教育改革不断深入及教师专业化的发展，我们梅州山区教育与发达地区教育水平的差距不断拉大，我的课堂教学能力也开始有所停滞，亟待更新提升，主要表现为对教育教学教研的研究比较零散，缺乏聚焦锤炼。

在导师的指导下，我结合个人现状制订个人三年发展规划，希望通过参加广东省新一轮"百千万人才培养工程"的系统培训，努力提升自身的教育理论水平，吸收先进的教育理念和学科前沿知识，丰富自己的学识，丰富自己的专业知识，更新自己的教育理念，促使自己三年后能成为一位有自己教育观点的教育教学人才，力争形成较鲜明的教学风格，成为在本市区域内有较大影响力的优秀教师。

二、理论研修提升专业素养

本年度的第一次理论研修中，专家、教授文化盛宴似的精彩讲座以及来自发达地区的教育观念与教学效果时刻冲击着我的心灵，并让我深刻认识到，作为一名教育工作者，树立终身学习的理念是多么的重要，乃至促使我重新审视自己，调整自己，力争在以后的教学上不断进步。

（一）第一次集中高端研修

在2015年7月13日的启动仪式上，华南师大基础教育培训与研究院院长吴颖民教授在其《打造高水平教师队伍建设南方教育高地》中对广东省新一轮"百千万人才培养工程"顶层设计进行了深刻解读。吴教授多次提到，"百千万人才培养工程"三年的理论研修及教学实践历练可能是个人在实际工作岗位上用十年时间也难以达到的。所以我非常珍惜这次难得的学习机会。7月15日在广州大学附属中学大学城校区举办的2015年"创新与创造力：中美校长高峰论坛——美国年度荣誉校长广州行"的启动仪式则让我见识了多位美国年度荣誉校长的风采，特别是聆听了美国年度荣誉校长Ted McCain所作的《认识每一个大脑的独特性：基于脑科学的个性化教学策略》精彩绝伦的报告，让我对教育科学有了进一步深刻的认识。7月16日莫雷教授《中国学生核心素养体系构建研究》的报告会不禁让我深思：在新课程背景下，如何让物理教学有效促进学生核心素养的提升，是每一位物理教师深思的问题。而接下来11位新一轮省百千万第一批名师的个人教学思想展示更是一场精彩的思想盛宴，其中典型的黄元华老师搞教学、做科研的拼搏精神及坚强意志是今后我学习的榜样，中国"微课"之父钟铁生老师的专注与坚持、用心做好每一件事情的精神令人感动，吴新华老师一直在思考和探索影响并改变学生的教学理念与策略，她凝练出求真、至简、唯美的教学思想启发了我今后对物理课堂的精益求精。

（二）个人自主研修

教学思想是教学行为的"灵魂"，决定着教学效率的高低，没有教学思想的教师只能做个教书匠，我们每一位教师要努力做个有思想、有大爱的教师，培养有思想、有抱负的学生。在我多年的工作中，总感觉当前物理教学中存在许多不完美的东西，而完美应成为物理教学共同的价值追求和情感体验。此次广东省新一轮"百千万人才培养工程"把"凝练个人教学思想"作为我们这些培养对象的培养目标之一，提醒我今后教学中只有善于反思、敢于创新，才能悟出"道"和"理"，真正凝练出自己的教学思想，从而通过传播使学生终身受益。

在制订个人三年发展规划和撰写课题研究方案的过程中，我通过网络、书刊等途径搜集关于教学思想的理论和案例进行学习和借鉴，个人理论水平因此有了较大提升。

三、课题研究提升科研水平

在长期的物理教学实践过程中，我们发现：传统教学模式的学术化倾向较严重，侧重学科训练，有很多教师遵循"教师讲、学生听、记笔记、做运算"的教学方式，这种模式过于注重学生学习的认知性结果，忽视学生的过程性体验，教学效率较低。因此这种教学模式该如何改进？或许可以将寻找生活资源使学生进行多层次体验与高中物理教学内容相结合，通过让学生主动参与学习、体验和感悟科学探究的过程和方法，激发他们持久的学习兴趣和求知欲望，从而用生活实践去验证理论，以期实现高中物理有效教学。

基于以上思考，我确定了题为"基于生活体验的高中物理有效教学实践研究"的课题研究，申报广东省教育科学规划、2016年度中小学教师教育科研能力提升计划项目（简称"强师工程"项目），并结合教学实际开展相关研究工作。2015年12月，在我校组织的全市范围的"开展课题研究，推进教师专业发展"教学研讨现场会上，结合本人研究的课题，我展示了高中物理（选修3–1）第三章《巧用"动态圆"分析带电粒子在磁场中运动的临界问题》专题公开课。

此外，从2014年开始我参与了本校林明老师主持的广东省教育科学"十二五"规划2013年度强师工程科研项目"欠发达地区高中教师校本研修有效模式实践研究"，努力把教师专业发展与教育科研联系在一起，旨在在日常教育教学活动中不断发现问题、解决问题，提高教育教学效果，促进教师自身专业发展。

四、专业引领今后努力方向

（一）教学思想方面

加强自主研修，加强教学风格相关理论的学习，提高对教学风格的认识和理解。通过分析本人学科层面的教学风格和物理课堂的特点，以及个人的处世风格，同时关注自身内在的情感体验，提出了个人的教学观：简洁、寻源、统一。

（二）科研课题方面

认真履行教师职责，努力把教师专业发展与教育科研联系在一起，继续向成为科研型教师方向努力：逐步形成较强的教育教学研究能力，善于在教育教学实践中发现问题、分析问题，在科学理论指导下针对问题进行实验研究，并善于把研究实践中获得的感性认识总结上升为理性认识，把握一般规律，用以指导教育教学实践活动，求得提高教育教学质量的实际效益。

（三）示范带学方面

充分发展教师同伴互助的教研文化，以开放的心态积极主动争取来自各方面的专业引领，发挥名师的引领和辐射作用，带领指导培养校内、校外的骨干教师，辐射、推广课改经验。

第二次集中培训感悟偶拾

2016年6月12日至17日，广东省新一轮"百千万人才培养工程"第二批教育家、名校长、名教师培养对象到广州参加了由华南师范大学基础教育培训与研究院组织的为期六天的第二次集中培训。本次培训活动安排紧密，内容丰富，既有户外体验学习，又有教育高峰论坛；既有名师名家讲座，又有个人总结交流和反思。回顾本次培训所见所闻，我们收获良多，现列举一二，与教育同行分享。

一、拓展活动——团队凝聚力和创造力

6月13日是集中培训的第一天，我们一大早上从广州出发，坐车到南海大湿地公园开展主题为"团队凝聚力和创造力"的户外拓展活动。

虽然若干年前我也参加过这种形式的拓展活动，但对即将到来的拓展活动心里仍有不少紧张和期待。主办方将我们全体学员平均分成若干个小组，我被分到第四小组，所在的组由来自6个不同地市的教育家、名校长和名教师组成。经过各小组的短暂讨论，各小组组名、口号依次出炉，其中我们第四小组组名"飞龙队"，口号"飞龙出海，绝对精彩"。随后拓展活动正式拉开帷幕。

图1　活动合影

接下来一天的时间里，在基地教官们的精心引领和新伙伴们的通力合作下，我们从"破冰起航"活动开始形成团队凝聚力，在"达·芬奇密码"分组竞赛活动中形成合作探秘、思维创新的品质，在"户外野炊"活动中体验团队协作、共享成果的愉悦，并在"极限时速"活动中感受激情与速度的完全较量，等等。

"与人共事十年还不如一同出来玩两天更能了解彼此"，这是基地主教官令人回味的一句话。在这里我们不仅重新认识了新朋友，还在这个过程中体验到了团队的凝聚力与创造力，切身体验到了团队协作带来的效能感与成就感。此次户外拓展活动使我感悟到：原来学习除了可以采用常规的课堂教学、听讲座、交流座谈等方式，也可以将学习任务化为一个个有趣的活动，让人在活动中既感到愉悦，又有所收获。

二、高峰论坛——教育思想的交融与碰撞

6月14日，华南师范大学国际会议厅举行省"百千万"第一批优秀学员教育思想高峰论坛。此次论坛是本次培训的一个重头戏，也是对华南师范大学基础教育培训与研究院提出"教育教学思想凝练"的一次检阅，我们都非常期待它能引发一场强烈的教育思想的交融与碰撞。

会议厅门口是省"百千万"第一批学员个人成果展示的大舞台，以不同的风格展示了第一批省"百千万"教育家、名校长、名教师培养对象三年以来个人研修历程、工作（办学）业绩、个人教育（教学、办学）思想体系等成果。这一张张充满个性的"名片"极大地吸引了第二批学员的驻足观看和强烈思考，也为本次高峰论坛营造了浓厚的学术氛围。

图2　会议厅门口

本次高峰论坛中常出现的教育论点宣讲内容精彩纷呈，形式令人耳目一新，颇具华南师大特色。每个学员的教育思想宣讲分三个流程：一是优秀学员的教育思想宣讲；二是学员互动（批判性质疑和提问）；三是专家评点（由吴颖民校长和王红博士点评）。一天下来，我们分享了8名优秀学员的教育教学思

想展示。

教育家班培养对象黄国洪老师的宣讲题为"智慧在指尖飞扬"。他从一位普通数学教师成长为一个信息技术专家，其间参与信息技术教材开发，编写信息技术课程标准，同时将自主开发的优质教育资源加入下乡行动计划，构建城乡一体化教育。这体现了黄老师对教育的智慧，对农村孩子的情怀，更体现了一种大爱。

名校长班培养对象梁福慧校长宣讲的题目是"没有不好，只有不同"。作为一名教师（校长），我们可能会比较关注成绩优秀的学生，但梁校长却有不同的看法。她认为：优秀有多种定义，成功的途径千万条，每个学生都是独特的，也是出色的，多一把尺子就会多一批好学生。因此，她的办校育人思想是"让学生成为最好的自己"。我想，作为一位校长，能否把学生的成长放在第一位，让学生"自然而然"地成长，是实现育人目标的关键所在。

高中文科班名教师培养对象陈洪义老师宣讲的题目是"情思历史"。陈老师从其主持的广东省教师工作室的LOGO进行解读，导出关键词——情思。对于情思型课堂，他这样认为：教师在课堂教学中通过情境创设引导学生进行历史体验，在情境中感悟历史，并在历史感悟中引发与进行历史真相与历史问题的探究的一种课型。"拨动情感的弦，放飞思维的线"是"情思课堂"对高效学习的本质追求。陈老师主张以情感交融的课堂去实现培养学生思维的价值目标，其鲜明的教育思想令人钦佩。

三、教育创新的目标——培养创新人才

6月15日上午，"百千万"学员有幸聆听北京师范大学刘复兴教授的专题讲座《创新发展与教育创新》。

刘教授长期从事教育学原理、政策的研究，先后教授教育学原理、教育政策分析、教育法学、教育政策研究等多学科基础课程，是当今教育界的领军人物，我们非常期待教授的"教育创新"给我们带来不一样的精彩。刘教授指出："创新"是引领发展的第一动力，党的十八届五中全会提出新五大发展理念，排在首位的就是创新发展。对"创新发展"，刘教授首先从世界的趋势展

开分析：自主创新能力成为综合国力竞争的核心，世界上多数国家都将创新作为提高国家竞争力的重大战略，纷纷建设国家创新体系。其次从我国的需要分析：在建设创新型国家进程中，我国的发展需要培养创新人才，因此培养创新人才是教育创新的核心目标。对创新人才的基本素质刘教授提出了四个方面的要素：一是综合的知识基础；二是T型素质结构；三是高度的社会责任感；四是实施创造性劳动并获得创造性成果的能力。对于四个方面的要素，刘教授一一进行了独到的解读，令人受益匪浅。

报告结束后，刘教授留给"百千万"学员三十分钟自由提问的时间。我们自然不肯放过这么难得的互动机会，大家围绕着"教育创新"向专家提出一系列现实而又尖锐的问题。其中，我向刘教授请教了一个困惑我的问题：教育是一个民族的希望，国家对教育创新顶层设计很丰满，我听了也很振奋，但现实却很残酷。当下教育在高考制度的主导下，基础教育轻"人"的培养，重"知识"的传授，将高考升学率作为唯一价值追求目标，忽略了创新人才的培养，面对这样的现状，处在教学一线的教师应该如何应对？

图3　向刘教授请教问题

对于这个尖锐的问题刘教授并没有回避，他坦言：当下我们的教育，除了过于重视知识的学习外，还禁锢在"高考升学率"上，但国家层面的"教育创新"是大势所趋，是任何陈旧势力也阻挡不了的，只要在座各位坚守这个信念，我们国家提出的培养创新人才目标就一定能够实现。

四、教育的本真——朴素和幸福

6月17日上午我们迎来本次培训的高潮，我国著名教育大师李镇西为省"百千万"学员献上了一台精彩、独特的分享——《朴素最美，幸福至上》。

没有高深的教育理论，没有显赫的办校特色，只有最朴素的课堂和学校，却培养了最幸福的学生，这正是李镇西老师育人的最独特之处。他的教育充满"人情味"，他认为学生的幸福比优秀更重要，他所做的一切，都是回到教育朴素的起点，遵循教育常识，面对眼前的一个又一个孩子，坚守良知。在他的心中，每个学生都是可爱的，每个学生都有闪光的地方，他在学生的心目中永远是那个永葆纯真的李老师。

图4　我国著名教育大师李镇西

这是迄今为止我内心深处最受触动的一场讲座，李老师几十年来对学生如子女一样一如既往的爱和鼓励深深地打动了我。回顾自己这些年的教育成长历程，我感慨万千，从当年刚踏入讲台时的激情万丈慢慢地趋于安于现状，甚至一度产生"厌教"的情绪。可当某一天自己真正暂时告别学生，离开教学岗位转向其他工作岗位时，却发现自己有太多的失落，自己对学生是多么的不舍，曾多少次梦里浮现的都是与学生一起快乐学习的情景。或者正如李镇西老师所言：教育应该是让学生因自己的存在而幸福。我不知道我的学生是否因我的存在而幸福，但至少我因他们的存在而幸福。

这就是教育的本真——朴素和幸福。

五、结束语

从观念到思想，从理念到行动，从课堂到课外，从现在到未来。没有最好的教育，只有更适合的教育。每一位教育工作者都必须认真学习教育发展的先进理念，使我们的教育在现有基础上得到更好的发展。对面学生，教在当下，着眼未来，让每一个从自己手里培养出来的学生都能幸福地度过一生，这是我们每一位教育工作者的责任与使命。

教育教学思想凝练

——生活物理、体验穷理

一、问题提出

高中物理旨在进一步提高学生的核心素养。核心素养是知识、技能和态度等的综合表现，其核心是科学态度与科学精神，这意味着教师在教学过程中，应重视学生在学习新知识过程中的探究，强调发展学生的主体性。当下物理教学存在严重的弊端，只重视学生学习的认知性结果，而忽视学生的过程性体验。受应试教育的影响，学生"喜欢物理，却不喜欢物理课"成为长期困扰物理教师的一种现象。

在教学实践中我发现：学生对体验到的东西往往具有深刻的印象。因此，可以引导学生将知识和体验结合起来，通过体验来激发学生求知欲并提高学生的动手、协作的能力，使他们在体验的过程中自由、快乐地学习和探索。因此"生活物理、体验穷理"是我在教学实践中形成的教育教学思想。

二、理论基础

在国内外教育史上，对从学生的生活经验出发实施教育教学很早就有研究并产生了很多有借鉴意义的观点和理论。

（一）卢梭的自然教育思想

卢梭（1712—1778）是18世纪法国伟大的启蒙运动者、教育家。他的代表作《爱弥尔》在近代教育史上居于十分重要的地位。在西方教育史上，他第一次明确提出教育应从人的自然本性出发，使人得到充分的自由发展。

卢梭提出，真正的教育应当是顺应儿童天性发展的教育，即自然教育。由此可见，我们的教育需要坚持开放的教学理念，教学实施过程中需要给学生自主发展的空间。

（二）陶行知的生活教育理论

陶行知先生是中国现代教育史上一位伟大的教育家，他在教育方面的贡献是无法磨灭的。"生活教育理论"是陶行知提出的基本教育理论，该理论贯穿在他的教育思想和实践的各个方面，它包括了教育的目的、教育内容和教育方法。并主要包括三个观点："生活即教育""社会即学校""教学做合一"。

陶行知的"教学做合一"强调教育与实际生活的联系，主张教和学都是为了生活实践的需要，要与生活实际联系起来。作为新时期的物理教师，我们应该充分利用身边的生活资源，通过引导学生发现问题、自主探究、自我发展，充分调动学生学习的主动性和积极性，从而实现"教学做合一"。

（三）现代建构主义学习理论

建构主义学习理论在20世纪80年代开始流行于西方，其最早提出者可追溯至瑞士的心理学家皮亚杰。建构主义理论的核心是：知识是在主客体相互作用的活动中建构起来的。该理论对当前的教育教学改革产生了极其深远的影响。

建构主义学习观强调学习者利用已有的知识经验积极建构新的知识，强调学习的主动建构性、社会互动性和情境性。

建构主义教学观与传统教学观有所不同，在教学目标方面，它强调发展学生的主体性。我们的日常教学要重视学生在学习新知识过程中的探究，教学的重点在于培养学生的科学态度与科学精神，教师要把"发现"的任务交给学生，让学生成为"发现"的主人。

（四）人本主义学习理论

人本主义学习理论强调人的价值，重视人的主观能动性、选择和意愿，认为学习者是学习的主体。在教育活动中，学生是具有发展潜能和发展需要的人，会根据自己的爱好、追求等来选择教育影响并将其内化为自身发展需要的内容。因此，教育者在教学过程中，应重视学习者在学习过程中的自我导向和自我调节，发挥学习者的特质和潜能，促进人的个性发展，为每个人提供适合的教育机会，为每个人的成长创造条件。

三、基本内涵

（一）概念界定

"生活"从广义来讲，是一种机能，一种无所不包的活动；从狭义上来看，是指人能接触到的真实生活；从教学实际来看，它指能够利用的生活资源。

"体验"也叫体会，是学习者用自己的生命来验证事实、感悟生命、留下印象的过程。在高中物理教学中，"体验"是对原有经验进行运用、尝试、改造、开发和自制一类具有可操作的物理实验活动，就是要学生去"做"，即"做中学"。

（二）基本结构

基于物理学科始终引领人们对自然现象的探索的事实，教师可带领学生通过生活经验利用身边的生活资源和自然资源，制作和发明一系列具有趣味性、简单性、生活化的可操作的生活体验活动，从而通过构建开放发展的教学模式，引导学生合作体验、自主探究，有效地发展学生实践创新能力，培养学生正确的科学态度和价值观，并使学生真正认识和改造大自然。

基于生活体验基本内涵及其相互关系的梳理，我们设计出生活体验基本结构图。

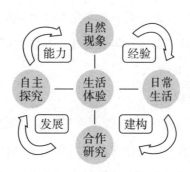

图1　生活体验基本结构图

（三）基本流程

在生活体验基本理论的支撑下，基于生活体验的基本结构和特点，我们设计出"体验、建构、发展"的生活体验活动教学模式，其基本流程是：创设情境→探究体验→建构知识→发展能力。

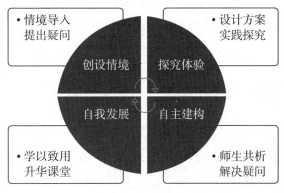

图2 生活体验基本流程图

以上4个阶段体现了学习者基于原有的知识经验的自我导向、建构理解的概念构建过程，也是引发认知冲突并加以理解消化的过程，这一过程能促进人的个性发展，为每个人提供适合的教育机会。

1. 创设情境，提出问题阶段

教师根据教学目标、教学内容、学生的心理特点和认知水平通过多种途径创设开放的问题情境，如演示实验、生产生活中的现象等，引导学生通过观察、分析，提炼出需要学习或研究的问题，问题需具有典型性、启发性、具体性、开放性，使学生明确学习的目标，让学生在好奇、质疑中产生探索问题的欲望。

2. 探究体验，得出结论阶段

在问题提出的基础上，运用实验探究或理论探究，启发和引导学生理顺解决问题的思路，提出解决问题的具体方案（如实验设计），通过分组实验展示实验成果、小组讨论等开放性方法；通过理性分析，让学生经历解决问题的过程，得出探究的结论。

3. 自主建构，获取知识阶段

对探究的结论，引导学生运用抽象与概括、归纳与总结等方法，用图表、网络等形式，自主建构当堂课的知识体系，把探究成果内化为自己的知识结构。

4. 巩固提升，发展能力阶段

在知识体系建构的基础上，通过例题分析、现象解释及问题拓展等，对当堂课知识进行巩固、升华，使学生掌握解决实际问题的方法，培养学生解决问题能力。

四、研究成果

生活体验式教学立足于中学物理教学实践，结合当代教育的基本理论，对于指导中学物理教学具有重要理论和实践价值，在实践研究中实现了学生、教师、学校三个方面的提升。

（一）学生提升方面

通过让物理教学回归生活，把学生的原有经验上升到科学的层次，促进学生个性全面和谐地发展并促使学生自主学习能力以及创新能力的培养，同时也提高了学生的学习成绩。具体表现为以下几点。

1. 开放式课堂教学对提高学生学习成绩的帮助

我们以高二年级四个班学生为研究对象，采用成绩对比法和问卷调查法，进行了较为全面、细致的调查了解，并对调查结果进行了细致的分类和完全统计，对比如下图。

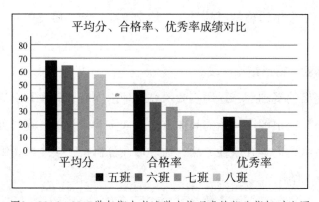

图3 2016—2017学年期末考试学生物理成绩部分指标对比图

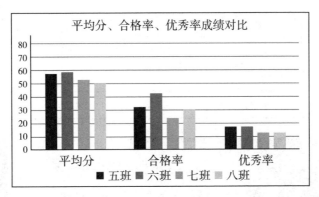

图4 2017—2018学年期末考试学生物理成绩部分指标对比图

以平均分、合格率和优秀率为基准,我们对比分析了生活体验式教学为主的教学效果和传统课堂教学法的教学效果,五、六班代表了应用生活体验式教学为主的物理成绩,七、八班代表了应用传统课堂教学法的物理成绩。

从图片可以看出,采用了生活体验式教学之后,五、六班的物理成绩对比七、八班的物理成绩有明显的差别。研究结果表明:对学生而言,在课堂教学中应用生活体验式教学和传统课堂教学法相比,前者效果较好。

2. 以"科技创新"为主题的物理科技创新活动的效果显著

2017—2019年,我们以"科技与创新"为主题,策划校级物理科技创新活动,活动项目有"创意物理小发明""水火箭""自制简易马达""鸡蛋撞地球"等,该物理科技创新活动每年都会吸引高一、高二同学的热情参与,活动至今已有一百多个团队、一千名学生参与。三年以来,学生团队设计并成功发射的"水火箭"一百多个,学生个人设计"创意物理小发明"作品三十多项,共计三百多个人和团队获得校级奖项。

表1 2017—2019年物理科技创新节参赛项目、人数统计

年份	项目	类别	队/人数	合计（人）
2017	水火箭	团体	28/159	246
	让鸡蛋飞	团体	10/69	
	简易马达	个人	18	

续 表

年份	项目	类别	队/人数	合计（人）
2018	水火箭	团体	38/220	235
	创意小发明	个人	15	
2019	水火箭	团体	42/240	240

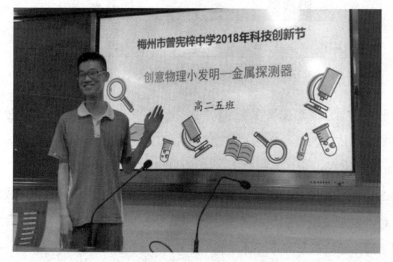

图5 "创意物理小发明"个人作品展示

图6 "水火箭"团队比赛发射现场

（二）成果提炼方面

如果一种教学理念与教学实践相脱离，那么它就是"无源之水""无本之木"。将生活体验活动融入物理教学中，有助于激发学生学习物理的兴趣，使学生积极主动地投入物理学习，可以提高学生的学习效率。同时有助于使学科内容在学生的经验体系中重新整合，有利于学生解决生活中的具体问题，这对教学一线的教师有一定的参考价值。

基于"生活物理，体验穷理"的教学思想，我们分别在力学、电磁学、热学、光学等方面共计开发50多个物理课堂生活体验活动教学案例，设计了10多个以"体验、建构、发展"为目标的教学设计。

表2　教学案例

案例分类	数量（个）
1. 生活体验活动的课堂教学案例	共52
（1）力学课堂体验活动案例	26
（2）电磁学课堂体验活动案例	16
（3）热学、光学课堂体验活动案例	10
2. 生活体验活动的教学设计	共14
（1）力学课堂体验活动教学设计	6
（2）电磁学课堂体验活动教学设计	4
（3）热学、光学课堂体验活动教学设计	4
3. 物理课外体验活动成果	共9
（1）物理课外体验活动案例	2
（2）物理课外体验活动设计示例	1
（3）物理课外体验活动学生成果	6

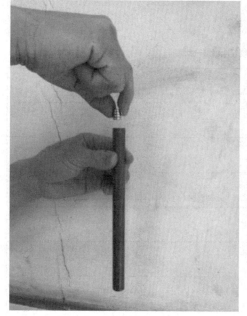

图7　生活体验活动

（三）辐射影响方面

基于"生活物理、体验穷理"的教育思想，从2016年开始我们以"体验创新"为主题，面向全市开展了"物理课堂教学现场会"及"物理课外科技创新节"等系列活动，还应邀到其他学校开设专题讲座，从而不但引发我校师生的思考和共鸣，还吸引了梅州地区多所学校的强烈关注，有力地缓解了教科书内容的"单一性"与培养目标的"多样性"这一对矛盾。

（1）2016年12月我校在全市范围组织"开展课题研究，推进教师专业发展"大型现场会，为来自全市各个学校的20多位物理教师开设《巧用"动态圆"分析带电粒子在磁场中运动的临界问题》专题公开课，示范效果良好。

（2）2017年、2018年连续两年参加广东省中小学新一轮"百千万人才培养工程"培养对象走进乡村教育活动，分别在河源龙川县和汕尾海丰县的多所学校进行示范带学，开设示范课和专题讲座，效果良好。

（3）2018年12月在深圳光明区朱建山名师工作室研修活动中为广东省骨干学员开设讲座《生活体验活动在中学物理教学中的应用》。

（4）2018年11月在"梅州市中小学足球排舞培训活动"中为全市100多名体育骨干教师开设讲座——《在教学与科研中享受教师的幸福》。

（5）2019年3月，为"梅州市中小学骨干教师教育科研能力培训班"100位课题主持人开设专题讲座《让教学科研成果落地生根》。

此外，我通过对研究成果进行整理，形成我校物理校本教材《生活物理　体验穷理——生活体验活动及其在中学物理教学中的应用》，现已在全市多所中学（丰顺中学、丰顺黄金中学、五华县安流中学、五华县高级中学、五华县田家炳中学、兴宁市田家炳中学）开展宣传和推广。

五、教学反思

生活体验式教学重视学生在学习新知识过程中的探究，教学的重点在于培养学生的科学态度与科学精神，把"发现"的任务交给学生，让学生成为"发现"的主人。为真正实现这一目标，我们应该做到以下几点。

（1）中学物理教学"生活体验"活动的范围很广，本项研究只进行了初步的探讨，在课堂教学活动案例的开发及课外活动设计上还不够全面、合适，有待进一步补充和探讨。

（2）对中学物理教学"生活体验"活动效果的评价可做进一步的完善，以便评价结果更科学、准确。

（3）"体验、建构、发展"开放式的教学模式更适合于基础年级的新授课教学，当应用本模式教学时要注意处理好两个矛盾，一是探究活动的耗时性与课堂教学实效性的矛盾；二是探究活动的个性化学习与班级授课制的矛盾。

（4）基于生活体验的教学对提高学生的物理学习兴趣起到了积极作用，但是学生始终要应对各项考试，所以避免不了常规教学方式和典型题型的训练，因此生活体验的课堂教学不能完全取代传统的教学模式，只有将两者融合才能取得最佳效果。

第三章

教育教学成果

"双减"背景下开发家庭物理小实验的
探索与实践

一、问题的提出

"双减"政策落地以来，全国各中小学校认真贯彻落实，取得了显著的成效，但也遇到了一定问题和挑战。作为物理教师，我们如何更好发挥物理学科的育人功能，真正落实让孩子们尽享"双减"政策带来的红利，是我们要思考的问题。

说到"学习"，可能不少人都会想到课本、知识、作业……其实，在本人看来学习不只是学校学科课程的学习，而应是一种广义的课程学习，学生的成长远不止需要课本知识，在生活中也可以学习，并且生活中的学习内容与方式应更具丰富性、更有选择性。因此，结合"双减"政策的要求，教师可以指导和启发学生利用简单的生活资源，开发家庭物理小实验，给学生提供更多的体验空间，培养学生的创新意识，发展学生的物理核心素养。

（一）利用篮球和网球类开发新颖小实验——体验超级碰撞

（1）准备材料：两个弹性球（一重一轻）。

（2）操作过程：

① 选择一处比较空旷的地方（要有一定的空间高度）。

② 将小球大球叠放在一起（小球在上，大球在下），从某一高度自由落下。

③ 大球碰撞地之后，速度瞬间反向，小球会与大球发生碰撞。

④ 可以发现：两球碰撞后，小球能上升比原来高得多的高度。

（3）物理原理：

这个物理小实验跟碰撞知识相关。两球初次下降过程为自由落体运动，触地时两球速度相同，大球碰撞地之后，速度瞬间反向，大小不变，此时小球会与大球发生碰撞，碰后小球获得比原来（碰前）更大的速度，因此小球能上升比原来高得多的反弹高度。

图1　体验超级碰撞

（二）利用易拉罐开发惊奇小实验——神奇的易拉罐

（1）实验器材：易拉罐数个、水一杯。

（2）实验操作：

① 将易拉罐瓶子倾斜放在桌面上，松开手后，易拉罐倒了。

② 在易拉罐里倒入约三分之一的水，将易拉罐倾斜一定角度放在桌子上。

③ 易拉罐居然会倾斜不倒。

（3）物理原理：

这个小实验旨在研究物体的平衡问题。易拉罐正常放置在桌面上，它的重心在易拉罐的中间位置。易拉罐受到重力和桌面的支持力作用平衡（二力平衡），所以易拉罐不会倾倒。如果我们把它斜放，与桌面只有一个接触点，重心会偏离原来位置，重力和支持力不能平衡，易拉罐就会倒向桌面；当向易拉罐注入约1/3水，并倾斜一定角度时，底部与桌面有两个接触点，水的重心就在两个支点之间，所以易拉罐可以保持平衡。

图2　易拉罐倾斜不倒

（三）利用风筒和乒乓球开发趣味小实验——智取杯中球

（1）准备材料：一个吹风筒、一个直筒杯、一只乒乓球。

（2）操作过程：

① 用吹风机对准直筒杯的内壁直着吹，乒乓球在直筒杯中不断弹跳，不过就是蹦不出来。

② 用吹风机对准直筒杯的内壁斜着吹，乒乓球在直筒杯中不断弹跳，很快就蹦了出来。

图3　智取杯中球

（3）物理原理：

这个小实验与空气的流速有关，是在伯努利原理与回旋气流的作用下共同产生的。当吹风机向下斜着吹时，气流顺着杯子的杯壁到达杯底，然后又从另一边向上流动，就能让乒乓球悬浮起来。并且杯子上方的空气流速变快，因此压强变小，杯底的压强大于杯口，乒乓球就这样被推出了杯子。

二、利用生活资源开发家庭物理小实验的探索与实践

陶行知提出"生活教育理论"，强调教育与实际生活的联系，主张教和学都是为了生活实践的需要，要与生活实际联系起来。开发家庭物理小实验基于学生兴趣，贴近学生实际，源于课堂学习，注重创新实践，是很有现实意义的。

由于家里资源和空间的局限，小实验内容和方案的选择要呈现出生活、简约、新颖等特点。就地取材，因陋就简，利用家里的瓶瓶罐罐、食材、智能手机、科学玩具等生活资源作为实验材料；自己动手，"土法"上马，开发在家能独立操作和完成的简单小实验；设计新颖、效果明显，小实验要突出"新""奇""趣""美"等特点，能让人惊叹，让人眼前一亮，强烈震撼心灵，丰富生活体验，也可给家庭生活带来欢乐。

笔者对利用生活资源开发"新""奇""趣""美"的家庭物理小实验做了初步的探索，与读者共享。

利用流苏线开发小实验——妙手开"花"

（1）准备材料：流苏一把。

（2）实验过程：

① 将流苏挂于墙上，其下垫纸以绝缘。

② 手用力反复摩擦流苏线，松手，即可看到流苏线散开了，像开了"花"。

（3）物理原理：

这个小实验与静电知识有关。当用手摩擦流苏后，由于摩擦生电，大量的静电存在于一根根流苏线之间，且电性相同，就相互排斥了，散了开来，"花"就这样开了。

图4　流苏线开"花"

三、利用生活资源开发家庭物理小实验的设计原则

开发家庭物理小实验一定要从学生的实际出发，要结合学生现有知识水平和思维特点，使学生经过一定的努力能够享受成功的喜悦。一般应注意以下几个问题：

（一）教师辅导要及时

虽然实验发生在学生的家庭，但教师也要进行充分的引导，教师要指导学生进行器材选择、方案设计和有序操作，才能使学生有针对性地开展家庭小实验，发展创造性思维。

（二）实验形式要分明

指导学生开发居家物理小实验可以分两种形式来进行：对于学过的知识，让学生以验证的形式来研究，进一步理解和应用物理知识；对于尚未学到的知识，让学生以探究的形式来研究，充分发挥学生的自主创新能力，体验这些实验现象给学生带来的乐趣，同时让学生思考为什么会发生相应现象，进而引发学生强烈探究的欲望。

（三）安全问题要注意

由于家里条件所限，教师在指导学生开展居家物理小实验时，要对实验所需的用具、材料进行全面考虑，确保实验的安全性。在整理金属、玻璃等物品时要戴好手套，在实验开发内容上应避免关于火或电的实验。

参考文献：

［1］戴加成，凌一洲.开展物理"微科技"项目的探索实践［J］.物理教师，2018（6）：24-26.

［2］吴华芳.家庭小实验在物理教学中的应用实践与思考［J］.湖南中学物理，2018，33（5）：54-56.

物理课外活动的实验探究

高中物理旨在进一步提高学生的核心素养。核心素养是知识、技能和态度等的综合表现，其核心是科学探究，即教育者在教学过程中，应重视学习者在学习新知识过程中的探究，强调发展学生的主体性。从教育心理学角度来看，对问题的研究包含发现问题和解决问题等。开展物理课外活动能给学生提供更多的体验空间，发挥学生的主体性，更有利于培养学生的核心素养。

当然，课外科学探究不是简单地完全由学生自由发挥的单纯课外活动，而仍然是由教师为主导、以学生为主体的非课堂目标要求的探究活动。基于科学探究的本质，笔者以问题、生活和科技三方面为导向，谈谈如何设计学生物理课堂外活动，与读者共享。

一、以问题为导向——探究电磁感应中的涡流现象

【问题提出】

磁铁从一根塑料管穿过，需要多长时间？答案是不到0.5秒。如果磁铁从一根铜管穿过，那要多长时间呢？还是0.5秒时间吗？

【活动名称】

磁铁在铜管中匀速下落。

【准备材料】

一根纯铜管、一根塑料管、强力磁铁若干（如图1所示）。

图1 探究涡流现象的材料

【探究过程】

（1）先把强力磁铁从塑料管上方放入，发现强力磁铁很快（不到0.5秒）从塑料管下端出来。

（2）再把强力磁铁从铜管上方放入铜管中；观察强力磁铁运动情况（磁铁没有与管壁接触）（如图2所示）。

（3）可以观察到：强力磁铁在铜管中下降得很慢，超过5秒才从铜管下端出来，好像有什么东西阻挡着它下落一样。

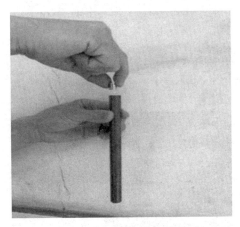

图2 磁铁从铜管中下落

【物理原理】

强力磁铁在铜管中的非匀速下降是因为发生了"电磁感应现象"。强力磁铁在铜管中的下降过程，其移动产生的变化磁场导致铜管产生了涡流现象，涡流产生的磁场反过来作用于磁铁，阻碍它的运动，故而强力磁铁下落得很慢。而强力磁铁在塑料管中的下落过程，不会发生电磁感应现象，所以磁铁不受阻力，因此强力磁铁下落得很快。

【活动反思】

学生的积极思维是在迫切需要解决某个问题时开始的，提出问题是思维活动的良好开端。通过创设问题情境启发研究课题，使学生明确学习目标，让学生在好奇、质疑中产生探索问题的欲望。同时要注意到，提出的问题要有指向性、生活性和开放性。

二、以生活为导向——探究生活中的缓冲现象

【问题提出】

一个"气功大师"躺在地上，腹部压上一块大而厚的石块，一个大力士用一个大铁锤往石块上砸下去，石块碎了，但"气功大师"安然无恙。所谓"硬气功"表演，其实可用物理知识来破解。

【活动名称】

砖碎蛋全。

【准备材料】

鸡蛋、砖头、锤子、塑料泡沫板（如图3所示）。

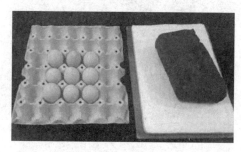

图3 "砖碎蛋全"材料

【探究过程】

（1）准备10颗鸡蛋，将鸡蛋逐个放到蛋托上固定。

（2）准备一块木板，在木板的一侧贴上薄泡沫。

（3）将木板（连同泡沫）放在鸡蛋上面，然后将一块砖头轻轻放在木板的中间，用一个长把的锤子，使劲砸这块砖头。

（4）砖头被砸成两半，但下面的鸡蛋全部完好无损，连个裂纹都没有出现。

（5）可将两块（或以上）砖头轻轻放在木板上，重复以上操作，我们发现：鸡蛋仍全部完好无损（如图4所示）。

图4　学生探究"砖碎蛋全"

【物理原理】

"砖碎蛋全"的原因是木板上的薄泡沫延长了力对鸡蛋的作用时间，从而减小木板对鸡蛋的冲击力，这种现象被称为缓冲现象。说到生活中的缓冲现象的应用，汽车上的安全气囊就是这个原理，能让人在遭遇事故撞击时，缓冲强大的撞击力，避免或减轻对身体造成的伤害。

【活动反思】

看似神奇的"砖碎蛋全"其实就是生活中的缓冲现象，说明"物理源于生活，最终服务于生活"。作为教师，只有引导学生在探究中求悟，在体验中求真，方能带领学生探寻物理学本质，形成正确的科学态度和价值观，最终满足学生终身发展的需求。

三、以科技为导向——探究火箭发射升空的实验

【问题提出】

火箭是实现航天飞行的运载工具，它是人类目前唯一能使物体达到宇宙速度，克服或摆脱地球引力，进入宇宙空间的运载工具。近年来，我国接连发射了很多火箭，其中大部分都取得了圆满的成功。

【活动名称】

"水火箭"的制作与发射。

【准备材料】

可乐瓶，塑料板，胶塞，胶带，卡纸，气门芯。

【制作过程】

（1）取两个塑料瓶，一个用来做主体，另一个剪下头部作为箭头，中间部分作为箭尾，再套上塑料圆锥头，用胶布缠好。

（2）用硬纸板和塑料板作为导流翼，用胶水粘到"水火箭"箭身上，同时缠上胶布。

（3）准备一个胶塞，打孔，插入气门芯作为喷嘴（如图5所示）。

图5 "水火箭"的制作

【探究过程】

（1）在室外寻找空旷地带，用砖块和铝板调节某个倾斜的角度作为"水火箭"的发射台。

（2）往制作好的"水火箭"的瓶中倒入约四分之一的水，用胶塞塞紧，将打气筒与气针连接，放在发射台上。

（3）然后用打气筒连续不断地打气，当箭内气体达到一定压强时，"水火箭"里的水向后喷出，"水火箭"瞬间向前飞出（如图6所示）。

图6 "水火箭"的发射

【物理原理】

用打气筒往装了少许水的塑料瓶内打气，当瓶内的气体达到一定的压强时，水会向后喷出；根据动量守恒定律，当水向后喷出的瞬间，"水火箭"（瓶身）获得向前的速度，再根据斜抛运动的规律，"水火箭"就能达到一定的射程，飞得很远。

【活动反思】

在我校开展的物理课外活动中，"水火箭"是最受学生欢迎的项目之一。

活动中我们发现，学生自制的"水火箭"可能会存在一些问题，导致"水火箭"不能完成发射或飞行距离过短。主要故障原因有：一是箭体、瓶身大小不一，部分水火箭发射时动力不足或方向失调；二是尾翼安装太靠前或尾翼过小、尾翼用材过软，造成方向性差及速度偏快。

总之，基于科学探究的物理课外活动是深受广大中学生欢迎的，它既可以活跃学生身心，丰富校园生活，也是一个提倡爱科学、学科学、用科学的良机。我们也应注意到，物理课外活动的设计要尽量了解学生的情况和教材的内容，从教材中挖掘问题，从现实生活中发现问题，既要考虑学生的现有知识水平，又要考虑学生的思维特点和心理状况，使学生经过一定的努力就能够享受成功的喜悦。

参考文献：

［1］林崇德.21世纪学生发展核心素养研究［M］.北京：北京师范大学出版社，2018.

［2］冯杰.高中物理探究实验及案例教学设计［M］.北京：北京大学出版社，2011.

基于创新人才培养的物理课堂
教学实践与研究

创新是国家发展战略的核心，是推动社会进步的动力，人类的进步、社会的发展，都依赖于人们不断创新。创新人才的培养是创新的基础，中小学教育在创新人才的培养中具有基础性、奠基性的作用，所以我们每一位基础教育工作者都承担着创新人才培养的重任。

以皮亚杰为代表的建构主义学习理论指出，学习的本质是建构，即强调学习的发生不是被动接受，而是主动建构的过程，建构既是一种发现又是一种发明，这里的"建构"有创造性的意思。传统教育强调继承，教师重在讲授知识，学生重在记忆知识；创新教育摒弃程序化、模式化的教学，重构和内化前人积累的成果，强调培养学生在未来发展中从事创造性工作所具备的独特品质和关键能力，主要包括创新意识、创新思维和创新能力。基于建构主义学习理论，以课堂教学活动为实证，下面笔者就如何将创新人才的培养融入各种课堂教学内容和活动作一些粗浅的讨论。

一、开头学——重演知识发生过程，点燃学生创新意识

学习心理学认为，学生学习的过程是构建知识结构和发展思维能力的过程。可见，学科知识只是形成学科素养的载体，学科活动才是形成学科素养的渠道。目前普遍存在的课堂教学方式是使知识重现，即从中间学起——教师教的是结论，学生学到的是技巧。直接告诉学生知识，看起来短期效果很好，但

学生的学科思维被"格式化",解决实际问题的智慧也得不到培养,因此,我们倡导的是另外一种教学方式——从开头学起,让学生重演物理知识的发生过程,使学生在探究过程中形成求新的意识,这有助于点燃学生创新意识的火花。

例如,在"力的合成"一节教学中,合力与互成角度的两个分力间有什么关系?我并没有急于直接给出结论,而是将其作为一个研究项目让学生进行小组合作探究。

教学片段1:研究合力与互成角度的两个分力的关系

【设计目的】

让学生经历科学探究,形成求新的意识。

【提出问题】

你认为力合成遵循什么法则?合力与分力有什么关系?合力是分力的大小相加还是相减?合力一定比分力大吗?

【猜想假设】

猜想1:合力大小等于两分力大小之和。

猜想2:合力与两个分力存在一定的几何关系。

【实验探究】

探究力的合成遵循的规律。

(1)研究方法:引导学生用力的图示法研究。

(2)实验器材:教师提前准备(如图1所示)。

(3)设计方案:学生独立设计求合力的实验探究方案,然后小组交流,形成小组的设计方案。

(4)交流展示:各小组展示方案,教师引导小组补充与完善方案。

(5)分析论证:在实验原理讲解过程中,结合力的图示,引导学生一起讨论如何找到合力与分力间的关系。

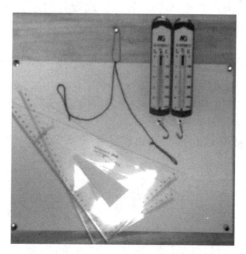

图1　力的合成实验器材准备

【教学说明】

在建构平行四边形法则之前，可做如下提示："建议用虚线的箭头端分别与两个合力的箭头端相连接。"这样可帮助学生突破思维定式障碍。

物理课堂教学中，过程往往比结果更重要。在以往"力的合成"教学中，教师一般先讲力的合成法则（平行四边形法则），然后讲解典型例题，最后就大量地让学生练习巩固。至于如何研究合力与两个分力的关系，怎么样设计实验方案进行研究，最后又如何得到力平行四边形法则，教师则是一笔带过，这样的教学看似"高效"，实则"低效"。只有让学生从开头学起，使学生经历与科学家进行科学探究时的相似过程，让学生独立地思考和探索，养成对未知领域的好奇心和求知欲，我们培养的学生才敢于标新立异，敢于想象猜测，成为具有创新意识的人才。

二、问中学——引发学生深度思考，激发学生创新思维

巴尔扎克有句名言："问号是开启任何一门科学的钥匙。"发明创造始于问题，问题就是矛盾，有了需要解决的问题，才需要思考，学习才有主动性。而问题的有效设计是探究的核心，要提高问题的"含金量"，问题就既要有广度和深度，又要有一定指向性，不能漫无边际，这就需要教师要根据教学内容

和学生已有的认知结构及思维水平，有目的地设计问题，让学生在思考中发现问题，实现以问导问，在问题中生成思维。

例如，在"液体的表面张力"一节教学中，对液体的表面为什么具有收缩的趋势的微观解释，我精心创设问题，层层推进，引导学生根据问题设计进行讨论和思考。

教学片段2：液体的表面张力的微观解释

【设计目的】

以问导问，让学生在问题中生成思维。

【情境创设】

请学生认真观察教材中液体表面的微观图（如图2所示）。

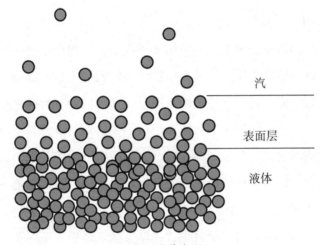

图2 液体表面

【问题设置】

（1）液体和气体比较，液体分子在表面层的分布具有怎样的特点？

（2）液体内分子所受球内分子的斥力和引力的合力如何？

（3）表面层内的分子所受引力和斥力的合力又如何呢？

（4）我们能否再从功能原理的角度来分析？

【教学说明】

教师注意引导学生利用分子作用球对表面层分子作用力和功能原理来逐步

分析解释物理宏观现象。

问题是思考的源泉，高质量的问题可以"一石击破水中天"，激起学生思维的涟漪。在以上教学片段中，我利用教材中的图片巧妙地设置4个彼此相关、循序渐进的探究性问题，其中问题1重在培养学生观察与思考能力，问题2、3在于培养学生推理与分析能力，问题4则有利于培养学生的发散性思维。这些问题的呈现自然而然激发了学生极大的兴趣，他们围绕给出的问题展开了深入的思考、探讨与争论，同时诱发个别学生提出相应问题，激发部分学生创新思维的活力，引燃更多学生创新思维的火花，达成培养学生创新思维的目标。

三、做中学——深化课堂自主探究，培养学生创新能力

美国教育家杜威认为：课程要以儿童为中心整合多个学科，并让学生在体验中学习，最佳的教学方法是"做中学"。新课程教学改革的基本理念是从生活走向物理，从物理走向社会。在物理教学中教师要充分鼓励学生积极参与到实验过程中来，有意识地培养学生的探索能力和动手能力，鼓励学生运用自己所掌握的现有知识解决实验中面临的种种问题。

例如，在"探究安培力"的教学中，在完成"安培力的方向与大小"的学习探究后，我在最后环节组织学生通过小组合作动手制作一个简易电动机。

教学片段3：通过导体在磁场中的应用——自制简易电动机

【设计目的】

学生亲自制作，培养学生创新能力。

【实验器材】

一节干电池、两块磁铁（纽扣磁铁）、一段漆包线、砂纸。

【实验制作】

（1）漆线打磨：用砂纸打磨漆包线两头的表面油漆，使其露出铜丝。

（2）线圈制作：根据电池规格，将打磨后的漆包线弯成合适形状。

（3）连接安装：把磁铁吸附在电池负极，将线圈和电池连接。

（4）反复调试：反复进行调试，最后制成可持续转动的电动机（如图3所示）。

图3 学生自制简易电动机

【教学说明】

利用课堂活动制作简易电动机对学生来说有一定难度，学生动手制作前教师要进行充分的说明和引导，并给学生留出足够的时间。

学生动手制作简易电动机这个活动既能强化本节的知识，又能考查学生实践创新能力，可谓一举两得。在本环节学习活动中，大部分小组都能按要求制作出外观不一但能持续运转一定时间的电动机，也有部分小组制作的电动机出现如下问题：一是刮漆不均匀，接触不良，线圈不能持续转动；二是很难控制线圈的转动平衡。对学生出现的问题我没有过多地干涉，而是及时在课堂中指出，并引导学生进行分析、讨论，共同寻求解决问题的办法。这样宽松、开放的课堂氛围，真正发挥了学生的主体作用，培养了学生的创新能力。

创新是引领发展的第一动力，建设教育强国是中华民族伟大复兴的基础工程，必须把教育事业放在优先位置，加快教育现代化，办好人民满意的教育。中小学教育是创新人才培养的奠基石，课堂教学是培养创新人才的主阵地，每一位教师的课堂都应该为学生的创新发展领航，引领学生认识有意义的新知识、新思想，发展学生有创造性的新方法、新能力，为培养新时期国家所需的创新人才奠定基础。

参考文献：

［1］王定华.美国基础教育：观察与研究［M］.北京：人民教育出版社，
2016.

［2］汤家合.高中物理学习中思维障碍的分析与矫正［J］.物理教师，
2017，38（7）：30–34.

［3］陆增友，陈栋.例谈运用教材资源培养学生创新思维能力［J］.物理教
师，2017，38（7）：47–50.

［4］李子明.从同课异构看实验创新［J］.物理教师，2017，38（9）：54–
56.

基于生活体验式教学提高学生科学素养的研究

——以"电磁感应"为例

一、问题的提出

《普通高中物理课程标准（2017年版2020年修订）》中明确提出课程的基本理念：在课程目标上注重提高全体学生的科学素养，在课程实施上注重自主学习，提倡教学方式多样，要求"高中物理课程应促进学生自主学习，让学生积极参与、乐于探究、勇于实验、勤于思考。通过多样化的教学方式，帮助学生学习物理知识与技能，培养其学科探究能力，使其逐步形成科学态度与科学精神"。2016年9月，社会各界高度关注的《中国学生发展核心素养》总体框架正式发布，再次引发社会各界尤其是教育界的热议，也必将带动中小学新一轮的教育变革和创新。

物理与生活有着密切的联系，生活的衣、食、住、行中都蕴含着物理知识。20世纪六七十年代，朱正元教授提出"从实际情况出发，自己动手，就地取材，因陋就简，土法上马"的口号影响一代又一代的物理教师，作为新时期的物理教师，要秉持这样一种观念：利用身边的生活资源，制作一类具有趣味性、简单性的生活体验活动，通过引导学生发现问题、自主探究、自我发展，充分调动学生学习的主动性和积极性，从而培养学生终身学习的能力。而生活体验式教学作为一种新型的教学手段，将其应用到物理教学中，对于提升学生的科学素养意义重大。

二、"生活体验"教学内容梳理

根据物理教学特点，教学内容可分为三类：概念教学、规律教学、习题教学；基于科学素养要求，"生活体验"的教育功能可以归结为五个方面：知识方面、过程方法方面、思维观念方面、合作探究方面、情感态度与价值观方面。笔者以粤教版高中《物理 选修3-2》第一章"电磁感应"为研究对象，对涉及"生活体验"教学与教育功能的内容进行梳理。梳理结果如下：

表1 "生活体验"教学内容梳理

节	内容	类别	体验名称	教育功能
4.法拉第电磁感应定律	感应电流的大小和方向	规律	摇绳发电	知识方面：过程方法方面
5. 法拉第电磁感应定律的应用	电磁感应的综合应用	习题	磁铁吸铝	知识方面：情感态度与价值观方面
7.自感现象及其应用	自感	概念	千人震	知识方面：合作探究方面

三、基于"生活体验"提升学生科学素养的教学设计

新一轮课改的"学生发展核心素养体系"从文化修养、社会参与、自我发展三个维度展开。"生活体验"在物理教学中具有重要的价值，现根据其教学内容与教育功能进行归纳，并针对提升学生科学素养提出相关教学建议。

（一）通过生活体验，构建物理概念，突破学习思维障碍

案例1："自感现象及其应用"的引入教学

教学内容：自感

体验名称：千人震

体验过程：两节电动势为1.5V的新干电池，几根导线、开关和一个用于日光灯上的镇流器。几位参与体验的学生手拉手成一串，和电池、镇流器、开关、导线连成如图1所示电路。闭合开关，经过一段时间再断开开关。当开关断开瞬间，学生会有明显触电的感觉。

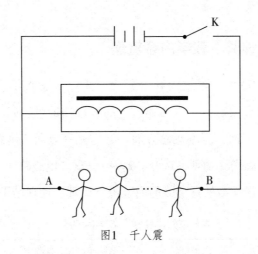

图1　千人震

体验结论：当开关断开瞬间，绕圈（镇流器）本身的电流变化（减小）而产生电磁感应现象（学生触电），这种现象称为自感。

教育功能：现在的学生动手机会少，对生活中的物理现象缺少观察和深入思考，因此学生很难构建物理概念。要使学生在课堂学习中"活"起来，关键的因素之一是教师"促成学生主动地与周围环境进行交互作用"，从学生产生的认知冲突来组织开展教学活动。

教学建议：物理概念是反映物理现象和物理过程的本质属性，学生学习物理的过程就是其不断建立物理概念的过程。而概念的建立必须借助于感性材料、理性的逻辑思维方法。物理教师结合物理新课程的教学理念，有意识地运用生活体验指导物理概念教与学，对于培养学生的思维能力具有重要的促进意义。

（二）通过生活体验，探索物理规律，培养学生探究能力

案例2："法拉第电磁感应定律"的探究教学

教学内容：探究感应电流的大小和方向

体验名称：摇绳发电

体验过程：把一根大约50m的电线绕10圈，电线的两端连在一个教学演示用的灵敏电流表的两个接线柱上，形成闭合电路。如图2所示，让两个学生东西方向站立，并迅速摇动电线，观察灵敏电流表指针的摆动情况；改变摇动速度后再次观察灵敏电流表指针的摆动情况。学生观察发现：摇动电线，灵敏电流表指针左右摆动；且电线摇动的速度越快，灵敏电流表指针摆动幅度越大。

图2　摇绳发电

体验结论：灵敏电流表指针左右摆动说明导体在做切割磁感线运动时产生了感应电流，且感应电流的方向和大小跟导体做切割磁感线方向与快慢有关。

教育功能：通过合作探究，让学生亲自动手体验，使学生经历与科学家进行科学探究时的相似过程，这样学生的实验探究能力将得到提高，并能在轻松愉悦的学习氛围中实现科学素养的提升。

教学建议：传统的教学模式过于重视学生学习的认知性结果，教师在课堂上占用大量时间进行知识灌输，忽视学生的"生成"，这种物理教学是极其低效的。在物理规律教学中，教师可通过增加学生体验活动，让学生在亲历研究过程中得到解决一般问题的规律，从而建立概念或发现规律，这样既解决了实验探究时学生的困惑，又可以激发学生学习内驱力，进而提高了学生的动手能力，培养学生的合作精神。

（三）通过生活体验，检验习题结论，深入揭示学科本质

案例3："法拉第电磁感应定律的应用"的习题教学

教学内容：（习题）一个轻质铝管放置在水平桌面，将带有手柄的柱状磁铁插入铝管内，当向外抽出磁铁过程中（忽略磁铁与铝管间摩擦力的影响）（　　）。

A.桌面对铝管的支持力等于铝管所受重力

B.桌面对铝管的支持力小于铝管所受重力

C.当磁铁拔出速度达到一定值时，铝管会跳起来

D. 无论磁铁拔出速度多大，铝管都不可能跳起来

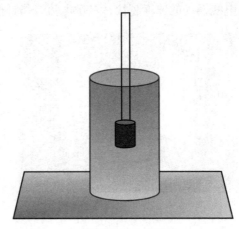

图3　磁铁吸铝管

体验名称：磁铁吸铝管

体验过程：一个轻质铝管放置在电子台秤上，读出台秤的示数，将带有手柄的柱状强力磁铁插入管内（保证强力磁铁不与铝管内壁接触）。如图3所示，将强力磁铁从铝管内拔出，观察台秤示数的变化；再将强力磁铁以较大的速度从铝管内拔出。通过这样的体验，学生自己就能做出正确的选择。

体验结论：当强力磁铁从铝管内拔出，铝管内的磁通量发生变化，所以铝管产生感应电流，根据楞次定律，感应电流的磁场对铝管产生向上的磁场力，因此台秤的示数减小；当强力磁铁拔出速度达到一定值时，感应电流的磁场对铝管产生向上的磁场力大于铝管的重力，因此铝管会跳起来。

教育功能：亲眼所见和亲身体验是学生积极学习的动力，现在的物理课堂缺少这种"物"的东西，而从认知的角度来说，"理"是建立在"物"的体验上的，经历了"物"的美好才能激发"物"的本质。

教学建议：物理习题课教学存在着课堂容量大、枯燥乏味、学生学习负担重等问题。如果单纯从理论上进行解释，极有可能导致教师费尽口舌而学生仍无法理解，从而引发学生对某些习题的结论产生怀疑。习题教学中教师若能用实验模拟出题目的情境，让学生通过亲身体验目睹实验结果，就能降低学生认知的难度，从而便于学生发现问题的本质。

综上所述，物理源于生活，并最终服务于生活，具有很强的实践性。以"学生发展核心素养体系"为课程培养目标的实现不能脱离生活实践，如果将生活体验式教学有效地融入物理课堂教学之中，引导学生重视实验、重视参与、共同建构，那么我们的学生就能学有所用，切实体会到物理知识在生活中的应用价值，从而真正实现现代化建设中的高素质人才的培养。

参考文献：

［1］刘崎.让体验成为物理课堂教学新常态［J］.中学物理，2016，34（1）：79.

［2］冯杰，叶翔，张悦，等.新课程背景下建立物理概念科学思维方法的研讨［J］.物理通报，2016（3）：4-9.

［3］赵惠松，严云佳.设计迷你实验突破思维障碍［J］.物理教师，2016，37（7）：92-94，97.

核心素养理念下物理教学的思考

德国教育家第斯多惠曾说过："教学的艺术不在于传授本领，而在于激励、唤醒和鼓舞。"新一轮课程改革告诉我们，成功的物理教学应实现从三维目标到核心素养的整合。物理核心素养是学生在接受物理教育过程中逐步形成的适应个人终身发展和社会发展需要的必备品格和关键能力，是学生通过物理学习内化的带有物理学科特性的品质，是学生物理核心素养的关键成分，主要由"物理观念""科学思维""实验探究""科学态度与责任"等四个方面的要素构成。

那么怎样才能在物理教学中更好地贯彻核心素养教育，把核心素养教育落实到物理学科教学中？基于目前新课程理念的要求和物理学科的实际特点，结合笔者的教学实践，对物理教学中如何培养学生的物理学科核心素养提出几点思考。

一、物理教学要促进学生哲学思考

首先，以物理学的发展史教育人。物理学发展史是人类认识自然、战胜谬误的历史，是一代接一代科学家艰苦奋斗的历史。例如，经典力学之父牛顿"如果我能看得更远，那是因为站在巨人的肩上"的名言让学生学会对他人劳动成果的尊重及实事求是的态度；法拉第十年磨一剑的事迹让学生体会科学家探索自然规律的艰辛；居里夫妇为提炼放射性元素镭而甘愿受放射性辐射损害的故事，让学生感受科学家为造福人类勇于献身的精神……物理教学中带领学生重温这些历史，不仅可以使学生学到研究物理的方法，还可以使学生学到科学家坚忍不拔、勇于探索、追求真理的精神，从而培养学生良好品格，实现立德树人。

其次，以客观公正的态度评价人。对科学家的评价我们往往容易片面或表面，往往强调事情的某一方面而忽视事情的另一方面。例如，在介绍伽利略、牛顿、开普勒、法拉第、爱因斯坦等物理学家对科学的贡献时，我们都非常正面地评价他们所取得的伟大成就；但在谈到亚里士多德时，我们可能更多将其当作"反面教材"，忽视他的贡献，甚至"嘲笑"他。其实在教学中提及亚里士多德的一些错误观点时也不妨进一步指出，亚里士多德是古希腊著名的思想家，他的思想对人类产生了深远的影响，马克思称他是最博学的人。只有这样我们的学生才会用客观、科学的态度去评价他人，从而懂得在今后学习和生活中用一颗宽容的心对待他人。

二、物理教学要启发学生学科思维

学习如何学习是让学生从"知识"层面上升到"智慧"层面的重要途径之一。我们的物理教学往往重知识、轻过程，重结论、轻实践，在这样的教育下培养出的学生往往容易形成思维定式，导致一叶障目，不见物理学的"森林"。

例如，在"力的分解"教学中，教师一般先讲力的分解方法，然后讲解典型例题，最后就大量地让学生练习巩固。而为什么要进行力的分解，怎么进行力的分解，如何应用力的分解，教师则是不够重视，这样做短期效果很显著，但学生的学科思维被"格式化"，解决实际问题的"智慧"也得不到发展。

笔者曾在所教高一学生中做过一次测试，以下是其中两道题目。

题目1：如图1所示，物块所受的重力 $G=10N$，AO 绳与顶板间的夹角为 45°，BO 绳水平，物块处于平衡状态。求 AO、BO 绳所受的拉力分别是多少？

题目2：假如你驾驶的小车在野外树林陷入泥坑里，此刻你发现无法向周围人求救，若车里只有一根长绳，你如何自救？

对题目1，大多数学生能应用力的分解计算出正确的结果，说明多数学生还是能够利用所学知识解决"模型化"的题目；题目2，还是考查相同的知识，但只有极少部分学生能解决，说明虽然学生掌握了相应的知识，但只懂得机械做题，不会从物理迁移到生活解决问题。

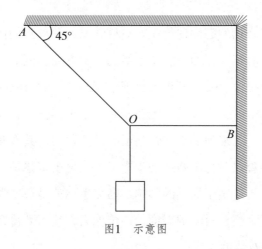

图1　示意图

物理教学中教师不仅要教会学生能够解决"模型化"的题目，更要启发学生掌握科学思维和方法，学会解决学习、生活中遇到的问题，为学生后续的学习和发展奠定基础。

三、物理教学要提高学生探究能力

体验到的东西最具真实感，能给人留下深刻印象。在物理教学中，因为涉及知识面广，概念抽象，规律复杂，题目多变，仅仅通过教师讲授，学生往往无法理解。因此，物理教学中教师要给学生提供实验探索空间，让学生参与探究，激发学生思考，最终使知识由抽象变为形象，思维由感性上升为理性。

例如，在探究"感应电流的产生条件"的教学中，教师可以展示"摇'绳'发电"实验：如图2所示，让两个学生摇动导线，观察灵敏电流表指针的摆动情况，可以感知地磁场的存在及感应电流的方向和大小的变化情况；在"自感现象"的教学中，教师可以让学生体验"千人震"实验：如图3所示，在开关断开瞬间，牵手学生有强烈触电感觉，让学生体验线圈在自感现象发生时神奇的"魔力"；在研究"液体的表面张力"的教学中，教师可以让学生进行"针浮液面"实验操作比赛：如图4所示，每张桌上放一根回形针和装有水的玻璃碗，尝试把回形针漂浮在水面上，让学生通过合作探究体验液体表面张力超能的"力量"。

图2　摇绳发电

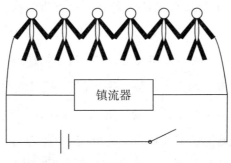

图3　千人震

图4　针浮液面

　　教学中，学生在新颖有趣的实验感召下，通过合作探究，亲身体验，使学生感觉到物理就在我们身边，让物理回归生活。这样学生的实验探究能力将得到提高，并能在轻松愉悦的学习氛围中实现素质的全面发展。

四、物理教学要激发学生科学唯美

罗丹说："生活不是缺少美，而是缺少发现美的眼睛。"美可以愉悦身心，陶冶情操，让人心旷神怡。物理美是一种科学美，它源于自然之美，它的美存在于自然物理现象中，体现在物理理论的内容和形式上，也体现在物理学研究的过程中，在物理教学中教师应致力于揭示物理理论的简单美，物理学科的统一美。

物理世界看似错综复杂，但物理问题的内在规律与本质属性必定是简单的、清晰的，经得起考验与检验，大道至简。例如，开普勒行星三大运动定律揭示了太阳系所有行星的运动规律；麦克斯韦方程组揭示了宇宙间的电磁现象。此外，牛顿三大运动定律、万有引力定律、库仑定律、高斯定律和法拉第电磁感应定律都以最简洁的语言和数学公式体现了物理理论的简单美。

宇宙中总有一种神奇的力量，使得一切都井然有序，这种神奇的力量用科学的眼光来看就是物理学科的统一美。例如，万有引力定律体现的是天与地的完美统一；法拉第电磁感应定律体现的是电与磁的完美统一；爱因斯坦相对论体现的是时间与空间的完美统一。"三大守恒定律"乃是物理世界中统一美的体现，物质守恒、能量守恒、动量守恒……一个个守恒不正是体现不同物体之间的完美统一吗？

物理学充满了种类繁多的公式、计算，学生往往感到枯燥无味，而物理学科在破译宇宙密码的同时，实实在在地展示了其"惊人的简单美"及"美妙的统一美"。只有教师在物理教学中注重物理美学的启迪，才能唤起学生学习物理的兴趣和求知欲望，从而树立正确的物理观念。

总之，在新课程背景下，让物理教学有效促进学生核心素养的提升，是每一位物理教师应当深思的问题。物理教学中教师若能将物理学科核心素养教育落到实处，将为学生今后生活和工作奠定良好的基础，使学生养成终身发展所需的必备品格与关键能力，真正实现素质教育。

参考文献：

［1］彭前程.积极探索基于核心素养理念下的物理教学［J］.中学物理，
  2016，34（3）：1–2.

［2］吕德明.例析物理实验教学中的趣味实验［J］.实验教学与仪器，
  2015，32（10）：14–16.

让"轨迹圆"动起来

——分析带电粒子源在磁场中做圆周运动的临界问题

  带电粒子在磁场中做圆周运动，是历年高考必考内容，而带电粒子源在磁场中做圆周运动的临界问题是此类问题的一大难点，因其涉及问题往往复杂多变，多数考生都谈"源"色变。一般求解带电粒子源在磁场中运动的问题要借助于轨迹圆的半径R和速度v之间的约束关系进行动态轨迹分析。根据轨迹圆的特点，我们将其分为"旋转圆"和"缩放圆"，统称"动态圆"。借助实物画出一系列"动态圆"，我们就能快速地找出题目的临界，从而解决带电粒子源在磁场中运动的问题。

一、旋转圆

  【情形】带电粒子源从某一点以大小不变而方向不限定的速度垂直射入匀强磁场。

  【特点】所有轨迹圆的圆心均在以入射点O为圆心，半径为R的圆上。且其轨迹连续起来观察是一个半径为2R的运动圆。

  【实物】自制圆纸板（图1）。

  【例1】如图2所示，真空室内存在方向垂直纸面向里，大小B=0.6T的匀强磁场，内有与磁场方向平行的板ab，在距ab距离为l=16cm处，有一点状的放射源S向各个方向发射α粒子，α粒子的速度都是v=3.0×10⁶m/s，已知α粒子的电荷与质量之比q/m=5.0×10⁷C/kg，现只考虑在t平面中运动的α粒子，求ab上被

α粒子打中的区域的长度。

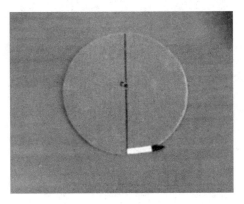

图1

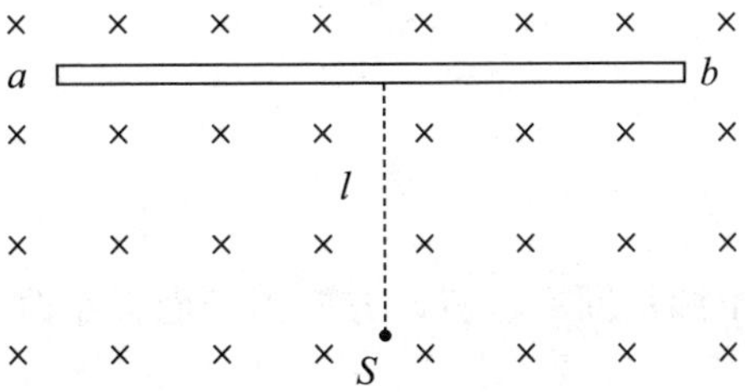

图2

【分析】粒子进入磁场后均沿逆时针方向做匀速圆周运动，各处轨迹圆的半径相同，所有圆的圆心均以入射点S为圆心，借助圆纸板，将它旋转起来，加上对应的边界条件就可快速得出答案。

【解析】α粒子带正电，故在磁场中沿逆时针方向做匀速圆周运动，用R表示轨道半径，有$f=qvB=m\dfrac{v^2}{R}$ ①

代入数值得$R=10cm$　　　可见，$2R>l>R$

根据题意，P_1为α粒子能打中右侧的最远点：$NP_1=\sqrt{R^2-(l-R)^2}$ ②

同样依题意，P_2为α粒子能打中左侧的最远点：$NP_2=\sqrt{(2R)^2-l^2}$ ③

所求长度为$P_1P_2=NP_1+NP_2$④

代入数值得 $P_1P_2=20\text{cm}$ ⑤

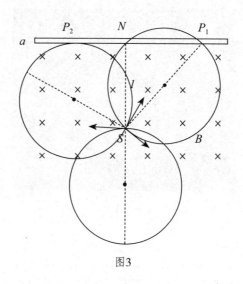

图3

二、缩放圆

【情形】带电粒子源从同一位置以方向不变而大小改变的速度垂直射入匀强磁场。

【特点】所有轨迹圆均与入射点相切，圆心在与初速度垂直的一条直线上且半径不断放大或缩小的运动圆。

【实物】教学圆规（图4）。

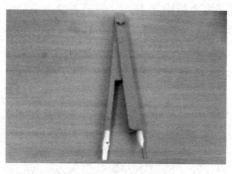

图4

【例2】如图5所示，长为 L 的水平极板 MN，有垂直纸面向外的匀强磁场，磁感应强度为B，板间距离为L/2。一束质量为m、电荷量为q带负电粒子（不计重力），从右上板处以不同速度水平射入磁场，求满足什么入射速度的粒子能离开水平极板？

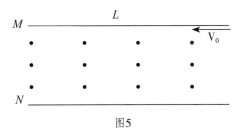

图5

【分析】带电粒子从同一位置方向相同但速度大小不同进入磁场，它们的运动半径$r = \dfrac{mv}{qB}$，$r \propto v$，所有粒子的轨迹圆构成了一组动态内切圆，且所有圆的圆心在过入射点且与初速度垂直的一条直线上。利用圆规画出一系列"缩放圆"，本题的情景便一目了然。

【解析】若粒子刚好能从水平极板右侧离开，如图6所示。

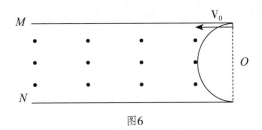

图6

由几何关系：$R_1 = \dfrac{d}{2} = \dfrac{L}{4}$

由$f = qv_1B = \dfrac{mv_1^2}{R_1}$ 得$v_1 = \dfrac{qBR_1}{m} = \dfrac{qBL}{4m}$

若粒子刚好能从水平极板左侧离开，如图7所示。

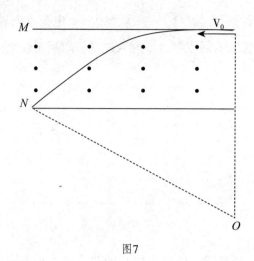

图7

由几何关系：

$$R_2^2 = L^2 + \left(R_2 - \frac{L}{2} \right)^2 \qquad R_2 = \frac{5}{4}L$$

由 $f = qv_2B = \dfrac{mv_2^2}{R_2}$ 得 $v_2 = \dfrac{qBR_2}{m} = \dfrac{5qBL}{4m}$

粒子入射速度满足条件：$v_0 \leqslant \dfrac{qBL}{4m}$ 或 $v_0 \geqslant \dfrac{5qBL}{4m}$

让体验成为物理课堂教学新常态

美国著名教师哈里德·颜森有句名言："讲给我听，我将忘记；演示给我看，我将记得；与我有关，我将要学。"这是对学生学习心理状态非常精确的描述。一般说来，丰富而深刻的体验是获得隐性知识的有效途径。而体验是以生活情境为依托，以生命存在为前提的，体验主体往往用自己整个生命去领悟和体会生活的意义，探寻生命存在的价值。因此，物理课堂教学要从学生熟悉的生活现象出发，让学生通过参与体验，体会其中所蕴含的物理原理，初步形成物理学的思想、观念和方法；引导学生从物理的视角观察和分析生活中的物理现象，用学过的知识分析解决生活实践的问题。笔者以粤教版高中物理教科书为例，说明如何让体验成为物理课堂教学新常态。

一、通过体验，引发认知冲突，激发学生的求知欲

学生的学习过程是认知结构不断调整、完善和发展的过程。要使学生在课堂学习中"活"起来，关键的因素之一是教师"促成学生主动地与周围环境进行交互作用"，从学生产生的认知冲突来组织教学活动。从心理学的角度来分析，正常情况下，学生的心理处于一种平衡的状态。当学生与周围环境进行交互作用时，就会出现各种各样的问题、困难以及相互之间的认识差异，也就是认知冲突。因此，在物理课堂教学中，教师要从学生的生活经验出发，通过让学生亲身体验，诱发学生产生认知冲突，激发学生的求知欲，从而提高课堂教学的效果。

例如，在必修一第三章第4节《力的合成与分解》中，以"新三人拔河比赛"（图1）引入课题：教师先请出班里两名力气大的男生和一名女生，让两名男生各执粗绳的一端用力拉直，然后请一名女生拉住绳的中部。接下来宣布比赛规则：比赛开始后三个人均沿各自方向用力拉绳，被拉动者为负方。比赛的结果出乎意料：女生轻松地战胜了两名男生。

图1　新三人拔河比赛

新颖有趣的体验，出乎意料的结果，造成学生已有认识与现实情境相矛盾，从而有效地引发了学生的认知冲突，学生对此结果感到好奇和疑惑：为什么女生能轻松战胜两名男生？至此，课堂气氛活跃起来，学生的学习兴趣和探究热情大大提高。

二、通过体验，自主建构知识，发挥学生的主体性

物理是一门以实验为基础的学科，各种物理实验以其直观性、形象性为学生提供了丰富的感性材料，使物理学科充满趣味性、思维性、挑战性、探索性和创造性，能有效激发学生的好奇心。学生通过亲身体验，能够主动建构知识，充分发挥主体性。

例如，在选修3—2第一章第2节《探究感应电流的产生条件》的教学中，展示趣味实验——"摇'绳'发电"（图2）：把一根大约50m的电线绕10圈，电线的两端连在一个教学演示用的灵敏电流表的两个接线柱上，形成闭合电路。让两名同学东西方向站立，迅速摇动这根电线，通过观察灵敏电流表指针的摆动情况，可以感知地磁场的存在及感应电流的方向和大小的变化。

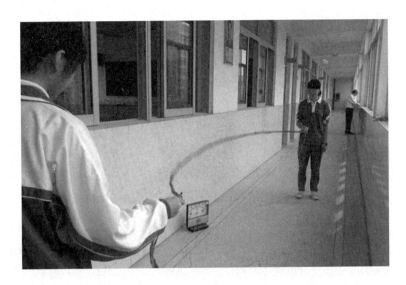

图2　摇"绳"发电

在课堂上通过"摇'绳'发电"等类似活动，积极发挥学生的主体地位，注重学生的探究过程和知识的建构过程，让学生体验科学探究的一般过程，领悟科学研究的方法。

三、通过体验，深化物理原理，提升学生的学习力

在高中阶段，教师有必要对一些探究的物理问题创设一些情境，让学生在观察和体验后有所发现、有所联想，萌发出科学问题；或者设置一些任务，让学生在完成任务中运用科学思维，自己提炼出应探究的科学问题。

例如，在必修2第二章第2节《向心力》的教学中，就如何感受向心力及探究向心力的大小与哪些因素有关，引入"小球在水平面做圆周运动"实验（图

3）：在绳的一端系一个小球，另一端用手牵住绳头，让小球在光滑的桌面上做匀速圆周运动。引导学生一边体验，一边思考。在手牵绳使小球做匀速圆周运动过程中，手有被绳子拉的感觉，指出这就是小球做圆周运动所需的向心力；接着让小球转动得越来越快，比较感觉有什么不同，再改变小球的质量做一次；然后把绳子长度放长或缩短再分别做一次。实验后请同学说出判断结果，最后可以初步得出结论：物体做圆周运动所需的向心力与物体的质量、运动半径、转动的快慢有关。

图3 小球在水平面做圆周运动

这样的一次学生对小球做圆周运动所需向心力的体验，既活跃了学生的思维，又使学生获得了有意义的新知识，同时提升了学生的学习力。

总之，体验式物理课堂教学要紧密联系学生的生活实际，要符合教材知识结构的特点，也应符合学生的认知水平、思维习惯和思维方法。让学生亲身经历体验，激发学生的求知欲，发挥学生学习的主体性并提高学生的学习能力，帮助学生真正获得富有生命力的物理知识。

参考文献：

[1]崔卫国.有效教学：高中物理教学中的问题与对策［M］.长春：东北师范大学出版社，2010.

［2］解世雄.物理教学论课程的理论与实践探究：卓越物理教师的理念与操作技能［M］.广州：广东高等教育出版社，2013.

［3］姜峰.物理教学回归生活的策略与反思——以《力的分解》为例［J］.中学物理教学参考，2014，44（7）：15-18.

《液体的表面张力》课堂教学设计

一、设计思想

首先，通过几个实验现象，引导学生思考并发现液体的表面存在张力，导入新课；其次，针对表面张力的方向进行实验探究活动；再次，进行理论分析，让学生理解表面张力存在的原因；最后，通过练习帮助学生厘清概念，巩固知识。

二、教学目标

根据教学大纲对本节的具体要求，针对所教学生的心理特点和认识水平，结合教材，本着使学生全面主动发展的原则，本课的教学目标定位如下：

1. 知识和技能

（1）认识与液体表面张力有关的现象；

（2）掌握液体表面张力产生的原因和方向；

（3）培养观察能力、分析能力和归纳总结能力。

2. 过程与方法

（1）观察液面呈现的现象、大胆预测，参与实验探究活动，增加学生之间的交流和合作。

（2）通过讨论和理论分析，学习从分子作用球对表面层分子作用力解释宏观现象的方法。

3. 情感态度与价值观

（1）希望能增强学生透过现象认识本质的科学意识；

（2）培养学生主动探索、善于分析的科学态度；

（3）激发学生学习物理知识的热情。

三、教学重、难点

教学重点：

（1）液体表面张力产生的原因；

（2）液体表面张力的方向。

教学难点：液体表面张力的方向。

四、教学策略与手段

利用四个主要教学环节（观察活动、实验探究活动、理论分析活动、知识巩固）来进行液体表面张力的学习，帮助学生掌握了解表面张力产生的原因及方向。

五、教学器材

多媒体设备、玻璃杯、清水、硬币、绵纸、缝衣针、肥皂水、金属环、棉线。

六、教学过程

教师活动	学生活动	设计意图
课题引入（观察活动） 师： 一、演示实验 用金属环吹出一个大的肥皂膜。 思考：为什么肥皂膜能被吹得很大而不破裂？ 二、观看图片 思考：为什么蜥蜴能在水上行走，蜘蛛网上的水珠为什么是球形？	学生观察	创设情境，激发学生的学习兴趣

续 表

教师活动	学生活动	设计意图
 可见，液体表面有一层膜。 三、观看视频 往硬币上滴水，能观察到什么现象？ 可见，水面是一层有弹性的膜。 提问：为什么液体表面会形成一层有弹性的膜？ 通过下面的实验和分析，就会明白是液体表面张力作用的结果	学生：水面有层膜对蜥蜴起支撑作用，雨后蜘蛛网上的这些水滴表面也是一层膜。 学生：水面凸起，但水没有流出来	通过观察图片和视频逐步引出本节课的主题：液体的表面张力。
新课教学 一、液体表面现象（实验探究活动） 师：下面通过实验来探究液体表面张力的存在和方向。 实验一：缝衣针漂浮在水面上 师：每个同学桌上有缝衣针和水杯，你们尝试一下把缝衣针漂浮在水面上。在实验过程中要互相合作。 教师巡回指导 师：在实验中，你们能否感觉到张力的存在？	学生分组开始实验。 学生：液面对缝衣针有力的作用	引起学生对表面张力如何作用的思考。

教师活动	学生活动	设计意图
思考：液面对硬币的作用就是液体的表面张力吗？如果不是，液体的表面张力在液面是怎样作用的？其方向又是怎样的？	学生只思考，不要求回答。	
实验二：肥皂膜与棉线实验 师：下面我们来做第二个实验，验证一下你们的想法。	学生分组实验。	
指导学生实验： 把系有松弛棉线的铁环放入肥皂水中，拿出时，铁环上布满一层肥皂膜。刺破一侧肥皂膜，观察另一侧肥皂膜和棉线的变化。 师：棉线为什么会向一侧弯成弧形呢？	学生：另一侧肥皂膜收缩，棉线向该侧弯成弧形。	帮助学生正确理解表面张力的方向，以及让他们通过自主实验获得结论，加深对知识的理解。
总结：该实验中，液体的表面好像张紧的橡皮膜一样，具有收缩的趋势。	学生交流、讨论、分析、回答。	
二、液体表面张力及其微观解释（理论分析活动） 1. 师：液体的表面为什么具有收缩的趋势？ 引导学生观察液体表面的微观图： 师：与在液体和气体中比较，液体分子在表面层的分布有什么特点？	学生：表面层分子比较稀疏。 学生：表面层内的分子B所受引力和斥力的合力不为零，合力垂直于液面指向液体内部。 学生：所以液体表面增大时，势能就要增大，而势能总是有减少倾向，故液体表面就有收缩的趋势。	引导学生利用分子作用球对表面层分子作用力和功能原理来逐步分析解释物理宏观现象。
2. 引入分子作用球，分析液体内分子A所受球内分子的斥力和引力的合力为零。 3. 师：在表面层内的分子B所受引力和斥力的合力又如何呢？ 4. 师：再由功能原理分析：液体分子从内部移到表面层就必须克服分子力做功，使分子势能增加，故液体表面的分子势能比液体内部分子势能大	学生：表面张力会使液面收缩。 学生：表面张力使水珠表面收缩。	

教师活动	学生活动	设计意图
5. 在液体表面画这样一条线，线两侧的液体之间的作用是引力，这就是液体的表面张力。它的方向垂直于所画的直线。 正是由于液面分子间相互吸引，才使得液面存在这样的引力，使液面收缩。 **讨论与交流** 1. 蜘蛛网上的水珠为什么是球形? 师：（补充）使其收缩到最小。 2. 实验二中，弯成弧形的棉线所受张力的方向怎样? 师：自己动手画一下。 	学生自己动手画。	回顾和解释前面实验留下的问题，帮助学生厘清概念。
3. 在实验一中，液面对缝衣针的作用是否就是液体的表面张力? 师：（强调）表面张力的作用是使液体表面形成一层薄膜，液面对缝衣针的作用其实是这层膜对它有作用。 **巩固练习** 1. 关于液体表面张力的下列说法中正确的是（　　）。 A. 由于液体的表面张力使表面层内液体分子间的平均距离小于r_0	学生：不是。 学生思考、回答	通过练习帮助学生厘清概念，巩固知识。

续 表

教师活动	学生活动	设计意图
B. 由于液体的表面张力使表面层内液体分子间的平均距离大于r_0 C. 产生表面张力的原因是表面层内液体分子间只有引力没有斥力 D. 表面张力使液体的表面有收缩的趋势 答案：D 2. 下列现象中，由表面张力引起的现象是（ ）。 A. 酒精和水混合后体积减小 B. 水银温度计中水银柱的升或降 C. 荷叶上的小水珠呈球形 D. 洗头发时，当头发浸泡在水中时呈散开状，露出水面后头发聚拢到一起 答案：C D		
小结	回顾学习过程	

七、板书设计

一、液体表面现象

实验一：缝衣针漂浮在水面上

实验二：肥皂膜与棉线实验

总结：液体的表面好像张紧的橡皮膜一样，具有收缩的趋势。

二、液体表面张力及其微观解释

1. 概念：液体表面层分子作用球

2. 液体表面张力的方向：垂直于界面直线，与液面相切

3. 液体表面张力的效果：使液体表面积收缩到最小

八、教学反思

（1）本教学设计体现了新课程的教学理念，整个设计贯穿了学生自主建构

知识这一主线，抓住了探究式学习的本质和核心，充分调动了学生学习的积极性和主动性。

（2）本教学设计思路清晰，在教学中利用趣味实验"吹肥皂膜"等来引入新课，巧妙设置悬念，引出问题；接着从"缝衣针漂浮在水面上""肥皂膜与棉线实验"两个探究实验，引起学生对表面张力如何作用的思考，帮助学生正确理解表面张力的方向，以及让他们通过自主实验获得结论，加深对知识的理解；再通过讨论和理论分析，学习从分子作用球对表面层分子作用力和功能原理对液体的表面张力的微观解释，使学生掌握表面张力产生的原因及方向；最后回顾和解释前面实验留下的问题，帮助学生厘清概念。

（3）在整个探究教学活动中学生有着丰富的情感体验，他们积极开动脑筋，认真分析，不时提出问题，通过亲自进行方案设计、寻找资料、动手实验、交流成果等活动，更好地培养了自主学习、独立思考、综合分析、交流协作等能力，体现了情感、态度、价值观的教学目标。

《液体的表面张力》课堂教学实录与反思

根据高中物理新课程的目标要求，高中物理要培养全体学生的科学素养和创新能力，不仅要让学生学习物理学的核心概念，掌握物理学研究的基本技能，了解物理学的发展历程、主要成就以及对社会发展的影响，更强调对学生科学探究能力、实践能力、自主学习能力的培养；同时体现以人为本的教育思想，培养学生的学习兴趣，培养学生实事求是、敢于创新的科学态度和科学精神；紧密联系科技、环境和社会三大主题，增强学生的社会责任感和使命感，使学生得到全面、可持续的发展。

情境探究教学是近几年新课改背景下教师普遍采用的新的教学模式。但是，如何让学生愿意将心智活动投入其中，如何利用情境探究教学有效提升学生综合分析问题和多角度、发散性思维能力，如何在情境探究教学过程中对学生进行情感、态度、价值观的引领？笔者在开设"液体的表面张力"市级公开课的教学过程中对上述问题进行了思考与探索。

一、教学实录

（一）液体表面张力的序幕：情境创设

教师：同学们，生活当中存在许多跟液体表面张力相关有趣的现象，下面请同学们认真观察并思考：

（1）演示实验。用金属环吹出一个大的肥皂膜。思考：为什么肥皂膜能被吹得很大而不破裂？

（2）观看图片。思考：为什么蜥蜴能在水上行走，蜘蛛网上的水珠为什么是球形的？

（3）观看视频。往硬币上滴水，能观察到什么现象？

学生讨论回答，在教师的启发下明白是液体表面张力作用的结果。

（二）液体表面现象的展开：实验探究

教师：为什么液体表面会形成一张有弹性的膜？通过下面的实验和分析，我们就会明白这是液体表面张力作用的结果。下面我们通过小组实验来探究液体表面张力的存在和方向。

实验一：缝衣针漂浮在水面上

教师：每个同学桌上都有缝衣针和水杯，你们尝试一下把缝衣针漂浮在水面上。在实验过程中同学们要互相合作。在实验中，你们能否感觉到力的存在？

学生：液面对缝衣针有力的作用。

教师：液面对硬币的作用就是液体的表面张力吗？如果不是，液体的表面张力在液面上是怎样作用的？其方向又是怎样的？

学生只思考不要求回答。

实验二：肥皂膜与棉线实验

教师：下面我们来做第二个实验，验证一下你们的想法。把系有松弛棉线的铁环放入肥皂水中，拿出时，铁环上布满一层肥皂膜。刺破一侧肥皂膜，观察另一侧肥皂膜和棉线的变化。

学生：另一侧肥皂膜收缩，棉线向该侧弯成弧形。

教师：棉线为什么会向一侧弯成弧形呢？

学生交流、讨论、分析、回答。

（三）液体表面张力的提升：微观解释

教师：液体表面为什么具有收缩的趋势？请同学们认真观察教材中的液体表面的微观图。

教师：在液体和气体中比较，液体分子在表面层的分布有什么特点？

学生：表面层分子比较稀疏。

教师：我们这里引入分子作用球，分析得知液体内分子A所受球内分子的斥力和引力的合力为零。在表面层内的分子B所受引力和斥力的合力又如何呢？

学生：表面层内的分子B所受引力和斥力的合力不为零，合力垂直于液面指向液体内部。

教师：我们可以再从功能原理的角度来分析，液体分子从内部移到表面层就必须克服分子力做功，使分子势能增加，故液体表面的分子势能比液体内部的分子势能大。

学生：（不约而同）所以液体表面增大时，势能就要增大，而势能总是有减少倾向，故液体表面就有收缩的趋势。

教师：（总结）在液体表面画这样一条线，线两侧的液体之间的作用是引力，这就是液体的表面张力。它的方向垂直于所画的直线。正是由于液面分子间的相互吸引，才使得液面存在这样的引力，使液面收缩。

（四）液体表面张力的落幕：讨论总结

教师：在实验二中，弯成弧形的棉线所受张力的方向怎样？同学们自己动手画一下。

学生自己动手画并讨论。

教师：实验探究实验一中，液面对缝衣针的作用是否就是液体的表面张力？

学生：表面张力的作用使液体表面形成一层薄膜，液面对缝衣针的作用其实是这层膜对它有作用。

二、教学反思

本课堂教学体现了新课程的教学理念，在教学中能利用趣味实验"吹肥皂膜"等情境来引入新课，巧妙设置悬念，引出问题；其次从"缝衣针漂浮在水面上""肥皂膜与棉线实验"两个探究实验，引起学生对表面张力如何作用的思考，帮助学生正确理解表面张力的方向，以及让他们通过自主实验获得结论，加深对知识的理解；再次通过讨论和理论分析，学习从分子作用球对表面层分子作用力和功能原理对液体表面张力的微观解释，使学生掌握表面张力产生的原因及方向；最后回顾和解释前面实验留下的问题，帮助学生厘清概念。整个教学过程贯穿了学生自主建构知识这一主线，抓住了情境探究式学习的本质和核心，充分调动了学生学习的积极性和主动性。笔者认为实现情境探究式教学有效性应做到以下几个方面：

（1）探究教学的情境创设。创设探究型问题情境是教师根据教学内容和学生已有的认知结构和思维水平，由教师创设一个物理真实情境，设置一个个、一组组彼此相关的、循序渐进的探究性问题，或诱发个别学生提出相应问题，引起大家关注，并加以利用，引发学生进行探究。

教师要认真分析研究教学内容，精选教材。创设探究情境，要打破课堂教学与实验教学的区别以及动脑与动手的人为分离。让学生领悟科学知识是经由对问题的探究过程而形成基本的科学概念，使学生树立严肃认真的科学态度和探究精神。

（2）探究教学的情境主题。教师的情境主题越接近生活，就越容易引起学生情感和心理上的共鸣，从而引起学生更大的学习兴趣，促进学生知识的迁移和思想观点的重建。因此，教师创设选择问题情境时要注意课程内容与学生在现实中看到、听到和亲身经历的社会生活的联系，真正做到从生活逻辑出发。本课以学生比较熟悉的演示实验、图片、视频等创设教学情境，列举的案例都是生活的、具体的、微观的，但所反映的主题是深刻的。

（3）情境教学的实验探究。要让学生经历实验探究过程，体验科学探究方法，使学生学会如何透过生活中的表面现象去探究规律，如本课中的实验一"缝衣针漂浮在水面上"，让学生自主进行实验探究，获得亲身经历和感性认识，并引起学生对液体表面张力如何作用的思考；而实验二"肥皂膜与棉线实验"再次通过学生分组实验，经过小组交流，讨论分析，得出结论，帮助学生正确理解液体表面张力的方向，从而得出正确而科学的结论。由此培养学生的观察能力、空间想象能力、协同学习能力、交往能力、合作精神、科学思维能力，使学生的学习过程变得轻松而高效，并且同步培养学生自主学习的能力，乐学、会学的学习氛围，为学生的可持续发展提供必要的训练。

参考文献：

广东基础教育课程资源研究开发中心物理教材编写组. 物理：选修3-3　教师教学用书［M］. 广州：广东教育出版社，2009.

第四章

学校管理实践与科学备考

深耕"三精"教育，铸就宪中品牌

——曾宪梓中学打造教育高质量发展的实践和探索

一、入学成绩与高考成绩对照

曾宪梓中学（以下简称"宪中"）在缺少拔尖生源的情况下，取得了高考尖优生的突破。在过去，中考全市前500名几乎为零，全市前1000名也只有个位数。经过全体教师有针对性地精心培养，近三年高考全市前1000名、前500名人数，均取得大幅增长，甚至全市前100名也实现了零的突破（如表1所示）。

表1　近三年宪中生源入学成绩与高考成绩对照

届别	年份	全市前100名	全市前500名	全市前1000名	全市前2000名
2021届	2021年高考成绩	4	13	36	98
	2018年中考入学成绩	0	3	9	96
2022届	2022年高考成绩	2	14	43	111
	2019年中考入学成绩	0	0	5	103
2023届	2023年高考成绩	1	27	53	118
	2020年中考入学成绩	0	0	8	98

过去三年，在生源情况接近的情况下，宪中高考成绩持续进步。近三年中考全市前2000名人数基本持平，但高考全市前500、前1000、前2000名人数均呈逐年上升趋势。

高考录取情况逐年向好，社会影响力逐渐恢复。近三年被211以上双一流院校录取的考生人数分别为21、22、42。三年来，宪中考生被名校录取人数不断增加，其中，中国人民大学1人，中山大学8人，中南大学4人，东北大学2人，西北工业大学1人，电子科技大学1人，华南理工大学3人。

二、学校建设高质量教育发展的工作总结

从以上数据分析可以看出，宪中虽然还未完全恢复曾经的辉煌，但从"入口"看"出口"，我们全体宪中人相信，在市委、市政府的正确领导下，全体宪中人团结协作，正信心满满地走在高质量教育发展的道路上。回顾三年来宪中走过的道路，总结如下：

（一）深耕"三精教育"，为宪中高质量教育打下坚实基础

学校实施"精致校园、精细管理、精品教育"三精教育思想，围绕"教学生三年，为学生着想三十年"的育人理念，以"点亮教育"和"习惯立德"为抓手，以文化节、艺术节、科技节、体育节等为载体，让宪中每名学生都能找到展示自己才华的舞台。德育为先的理念与国家新课标新高考反复强调的"立德树人"高度吻合。

（二）坚持科学备考，扎实推进高考备考工作

学校近年来高考成绩的大幅度提升，是通过精准备考、精细化管理和奖惩激励取得的，是依靠科学+精准+管理打造的，是"七分管理，三分教学"的结果。

（1）加强过程管理，对高三备考进行整体周密的计划和精细化管理，加强对高三各次考试的质量分析，实现精准备考；精心组织备考各时间节点形式多样的活动，如新高三师生动员会、二百天励志演讲、百日誓师、考前60天、考前30天、考前喊楼等。

（2）加强团队协作意识，一方面组织全部科组成员协助高三老师高质量完成半轮复习和二轮复习资料的自编；另一方面积极参与省市名校的联考，做到经验共享、问题共商、策略共施。

（3）行之有效的激励机制，充分调动高三教师的积极性，形成人人有压力、个个有动力的有利局面。

（4）积极参与各类高考备考研讨会，有助于教师进行精准备考，有助于各

个学校之间的交流，有助于高考备考的信息资源共享。

（三）实施分层教学，在"不让一个学生掉队"的基础上实现尖优生的突破

为增强学生冲击名校的实力，强化学生的自信意识，学校实施分层教学，设立"剑英创新人才班""强基班""重点班"，全力抓好尖优生培养。实行"导师制"，把各类"临界生"指导任务落实到每个科任，对各类学生均全面关注，适时采取教育和指导。最终实现在连续几年本科率、特控率稳定的基础上高考尖子生人数的突破。

当然，在扎实推进学校高质量发展的工作中，还存在以下问题需要我们进一步努力：

（1）特尖生培养工作需进一步加强。学校虽然克服了生源不拔尖的不利情况，取得了"中进高出"的成绩，但C9联盟的名校还未能突破，要想重现学校开办30年来，曾取得骄人的成绩（先后有10名学生考取清华、北大），难度还很大，特别是如何借助外力，集全校名师之力的培养措施仍须多加思考。

（2）临界生导师制没有达到最大效果。近三年高考特控率和本科率没有实现更大的突破，说明临界生导师制没有达到最大效果。如何进一步落实好临界生导师制管理方案，发挥临界生导师制的作用，从补短抓起，实现总分最大化，是接下来备考工作的重点之一。

（3）以双高联盟推动高中、高校协同特尖生培养工作。当前普通高中教育正处于课程改革和高考综合改革推进的关键时期，如何破解高中和高校在招生对接、协同育人上的难题？这些新任务迫切需要高中和高校共同树立协同育人理念，优化协同育人机制，加强合作交流，通过多形式、多渠道、有特色和富有成效的教育活动，服务于学生和教师。

三年来，宪中在上级主管领导的关心、指导下，在全校师生的共同努力下，迅速摆脱颓势，走上了高质量发展的道路。当然，我们也知道，接下来的挑战将更加艰巨，复兴的道路将更加崎岖，但宪中人将众志成城，坚定不移地走下去，争取早日实现宪中的复兴！

科学应对"三新"挑战，提升学校核心竞争力

新高考综合改革是国家的重要政策，是改革开放进入深水区的重要举措。无论我们曾经是担忧，还是期盼，新高考改革都已经逐渐走向接受检验的阶段。2014年启动考试招生制度改革试点，到2017年全面推进，再到2020年基本建立中国特色现代教育考试招生制度，形成分类考试、综合评价、多元录取的考试招生模式，而2021年是广东新高考综合改革实施的第一届新高考。

问题一：如何科学应对"三新"的挑战？

新课标：2003版强调三维目标达成，2017版强调学科核心素养。

新教材：2004版强调陈述性知识，对事物进行客观描述，重在解说介绍，主要是"记忆"。2019版强调策略性知识，对事物所引发的一系列潜在反应，重内在价值，主要是"思维"。

新高考：在学生选科方式、招生录取模式等方面进一步优化，实行"两依据、一参考"的多元评价机制，即依据统一高考成绩（语数外三科）、高中学业水平选择性考试成绩（"1+2"），参考高中学生综合素质评价信息进行录取。从思想品德、学业水平、身心健康、艺术素养、社会实践等五个维度，对学生在高中三年的综合表现进行过程性记录和评价。

问题二：如何基于我国高考评价体系进行学科教学？

我国高考评价体系为高考内容改革指明了方向，为学科制定命题标准提供了重要依据。高考评价体系由"一核""四层""四翼"组成，其中"一核"为考查目的，即"立德树人、服务选才、引导教学"，是对素质教育中高考核心功能的概括，回答"为什么考"的问题；"四层"为考查内容，即"核心价值、学科素养、关键能力、必备知识"，是素质教育目标在高考中的提炼，回答"考什么"的问题；"四翼"为考查要求，即"基础性、综合性、应用性、创新性"，是素质教育的评价维度在高考中的体现，回答"怎么考"的问题。"四层""四翼"考查要求如何来实现？高考评价体系指出：通过情境和情境活动两类载体来实现，并将情境划分为生活实践情境和学习探索情境。学科应该设置适合的情境，来再现学科理论产生的场景或呈现现实中的问题，让学生在真实的情境中运用必备知识和关键能力解决问题，全面综合展现学科素养水平。

（一）深入学习和研究，更新教育教学观

1. 学什么?

学习修订高中课程方案和课程标准、原则以及对新旧方案，对标准的主要差别有深入的了解和把握。

修订课程方案和课程标准，强调以社会主义核心价值观为统领，着力提升思想性、科学性、时代性、系统性和指导性，推动人才培养模式的改革创新。

新课程方案全面融入习近平新时代中国特色社会主义思想，把党的十八大、十九大以来提出的新理念、新表述融入课程方案和课程标准当中。

新方案切实加强了中华优秀传统文化和革命传统教育，植入了红色基因，增强了文化自信。方案进一步强化了学科的育人功能，首次凝练提出学科核心素养，提出了学业质量要求，研制了学业质量标准，建立了新的教学质量观，为强化课程实施管理与指导创造了良好条件。

新教材不仅融入了许多新理念，还增加了新知识和部分新技能的要求，结合新教材准确把握学科学业质量标准，把新教材体现的新理念和新要求落到实处。

2. 怎么学？

自己学、走出去学，请进来学；系统学，长期学。

（二）聚焦学科核心素养，改进课堂教学

课程，是一所学校的核心竞争力。新一轮基础教育改革的关键在于课程改革，而课堂教学改革是新课程实施的重要手段，培养学生系统掌握各学科"基础知识、基本技能、基本方法"，使学生形成发展需要的"正确价值观念、必备品格和关键能力"是教育改革的目标。

然而，高中课程经过十余年的改革，通过课程体系建设和一线教师的创新实践，在教育观念更新、人才培养模式创新、教师整体水平提升等方面虽然取得了积极成效，但在教学实践中，还存在一些不尽如人意的现象。一是"一少两多"现象，即学生探究、实验、交流、反思等自主学习环节少。教师讲得多，学生习题多。二是"一多两少"现象，即关于概念规律内容的理解涉及得多。概念规律的建立历史涉及得少，概念规律的现实应用涉及得少，掐掉"两头"只讲"中间"。

所以，应倡导"基于情境、问题导向、任务驱动、小组合作的互动式、启发式、探究式、体验式等课堂教学"，深化课堂教学改革，围绕核心素养开展教学与评价，促进教学内容与教学方法改革的有机融合，深入研究学生学习和成长规律，改进教学方式，提高教学效率，不断提高教育教学水平。

（三）切实提升学生发展指导能力，统筹学校教师资源，提高学校的教学管理水平

要将新高考方案所呈现的育人新理念、新意图、新要求落到实处，首先要解决好学生个体自主发展意识有效增强、自我认知水平明显提高、自主选择能力明显提升问题。

其次，新高考方案带来了学科教学需求的新变化，不仅学科课时需求总量发生了变化，而且学科教学要求也有层次变化，这对学校和教育行政部门的教师资源统筹能力提出了挑战。

我们的国家已经进入改革发展的新时代，国家对教育（尤其是基础教育）的重视程度和投入力度前所未有，广大教师更新观念，接受新知识、新技术、新方法的愿望越来越迫切，感受到的压力也前所未有。我们唯有牢记使命，直面困难，把握机遇，接受挑战，勇于创新，勤奋工作，方能不辜负党和国家对我们的厚望。

1. 加强市一检的质量分析，把握后期努力的方向

总结市一检情况，结合学生的考试成绩、答题暴露的实际问题、与兄弟学校的数据对比，既找亮点也找不足，既看优势也看差距，明确认识考试反馈出来的种种问题，作出客观评价，提出针对性的改进措施，把握复习备考努力的方向。

2. 强化备考管理，重在细节落实

精心做好高三后期备考工作安排。

备考从精：加强集体备课，精心备好每一节课（要有取舍），确保每一节课的质量，精心出好每一份试题（要有选择），真正实现精准备考。

管理从严：从晨读、早读、午读到晚读，加强对学生非常态时间的管理（任务清单），让管理出效益。

陪伴从心：每天自习课安排教师到班，每周增加晚自习教师下班辅导的次数（正副班），每天午休、晚息教师下到宿舍看学生，真正让爱陪伴学生成长，建议家长到班看早读、晚自习。

3. 注重学生心理调适，帮助学生克服焦虑

一是针对高三学生后期备考心理压力大的状况，高三年级每天开展大课间活动、中午班歌合唱和下午跑操活动，每天的晨读、早读、午读书声琅琅，每天下午上课前歌声嘹亮，每天下午的跑操步伐整齐划一，口号响彻云霄，让学生走出教室，释放压力。

二是通过主题班会、专题讲座等途径（3—4月），使学生认识考试的主要功能是验证学习效果，诊断问题，以便改进和提高；引导学生端正考试心态，缓解考试压力，克服考试焦虑。

4. 重视高考信息的获取，制订切实可行的后期复习计划

（1）研究近三年来高考试题，让学生做高考真题。

（2）研读《中国高考评价体系》。应对"三新"的挑战，将命题情景化，无情景不命题；命题开放性和灵活性增强；命题反套路、反刷题、反对死记硬背。

5. 抓好各类临界生的培育工作

实施一生一案，分层辅导，面批面改，突出"重总分"，补短板，扬其长。

满足学生个性需求；实施有针对性的辅导。

浅议高一学生"新高考"选科指导

虽然我们一直很重视从事具体职业，但仍然有许多人没有选择好自己的职业。这可能是长期以来我们的教育只重视学生的学习成绩而忽视学生职业生涯规划的结果。

《中共中央关于全面深化改革若干重大问题的决定》（以下简称《决定》）提出：推进考试招生制度改革，探索招生和考试相对分离、学生考试多次选择、学校依法自主招生、专业机构组织实施、政府宏观管理、社会参与监督的运行机制，从根本上解决一考定终身的弊端……探索全国统考减少科目、不分文理科、外语等科目社会化考试、一年多考。

新高考实行"两依据、一参考"的多元评价机制，即依据统一高考成绩、高中学业水平考试成绩，参考高中学生综合素质评价信息进行录取。学生可以从6门选考科目中选择3门作为自己的考试科目，这给学生带来了自主性和选择性。

2014年，浙江、上海两地率先成为国家首批高考综合改革试点地区，2017年，两地的学生已率先采用"3+3"模式应试。2019年4月，广东省政府印发了《广东省深化普通高校考试招生制度综合改革实施方案》（下称《改革方案》），标志着广东省新一轮高考综合改革正式启动。《改革方案》从2018年秋季入学的高中一年级学生开始实施，2021年高考按照新高考模式进行考试和招生录取。

一、广东省新高考改革方案解读

广东省新高考考试科目按"3+1+2"模式设置：

"3"为全国统一高考的语文、数学、外语，"1"由考生在物理、历史2门中选择1门，"2"由考生在思想政治、地理、化学、生物学4门中选择2门。高考总成绩750分，其中"3"和"1"直接采用卷面分，共550分；"2"实行等级赋分，各100分，起点赋分30分，划分为A、B、C、D、E5个等级。

于是，在新高考改革方案下，广东考生面临12种选科组合。

表1　选科组合

2选1	物理	历史
可选组合	物理+化学+生物	历史+化学+生物
	物理+化学+地理	历史+化学+政治
	物理+化学+政治	历史+化学+地理
	物理+生物+地理	历史+生物+政治
	物理+生物+政治	历史+生物+地理
	物理+地理+政治	历史+政治+地理

选科一方面要考虑到学生对科目的把握程度，另一方面更要考虑到未来大学和专业的选择。在2018年《教育部指引》中，教育部允许高校指定两门（甚至三门）科目必考，这意味着，学生选择专业并不是"随心所欲"的，而是必须根据高校、专业的要求，要有目的、有取舍地进行选科。

二、新高考改革方案背景下如何选科

实施新高考改革后，选科选考的政策让学生有了更多的选择。然而，学生究竟怎样才能选择出适合自己的科目组合呢？下面我们为高一面临选科的学生提供以下几个选科建议。

（一）根据自身兴趣特长，选择自己擅长的科目

高中生首先要了解新高考的变化和要求，在此基础上认真分析自己的实际情况，明确自己的兴趣爱好和特长，根据自己的兴趣爱好选择选考科目。对于学生来说，选择了哪3门课作为选考科目，意味着将来在学术兴趣、专业选择上就要以此为依据，作为今后将要学习的专业或者从事的职业，只有真正了解自己的兴趣爱好才能作出最佳选择。如果偏离自己的兴趣爱好，仅仅从功利出发选择了自己不喜欢、不擅长的科目，就会给自己带来很多学习和生活上的困难。一般来说，学生在初中阶段就已经表现出了不同的兴趣爱好，到了高中需要在学习中进一步明确自己的兴趣爱好，并且需要保持一定的稳定性。

（二）根据专业覆盖面积，选择路径宽的学科

学生选择选考科目，首先要基于自己的兴趣爱好，但也会受到高校专业要求的影响，不同高校的不同专业对报考学生的考试科目要求也不一样，有的专业至少列出一门必考项目，学生根据要报考的院系和专业要求的必考科目选择自己的选考科目。以上海市为例，从上海市37所本科高校公布的1096个专业的选考科目来看，学生选考物理可以满足1070个专业选科要求，覆盖率达97.63%；选考化学可以满足992个专业选科要求，覆盖率达90.51%；选考生物可以满足877个专业选科要求，覆盖率达80.02%；地理、政治、历史覆盖率分别为64.05%、63.55%、62.14%。

（三）根据选考学科特点，选择适合你的学科

高中各科有很强的关联性，相对初中课程而言，整体呈现知识量增大、理论性增强、系统性增强、综合性增强、能力要求增加的"5增"趋势，学习深度和难度较初中上升到新的台阶，跨度很大。因此，高一学生一定要深入了解各选考学科的特点，才能选择适合自己的学科。

物理：物理是一门基础自然科学，它所研究的是物质的基本结构、最普遍的相互作用、最一般的运动规律以及所使用的实验手段和思维方法。物理学科以实验为基础，以思维为中心，需要较强的逻辑推理能力和数理建模能力，在六个选考学科中属难度最大的学科。

历史：高中历史课程对历史知识体系进行了重新整合，以模块专题式和中外历史合编的形式构建了高中历史教学内容的新体系。通过学习历史，学生能学会从不同角度认识历史发展中全局与局部、历史与现实、中国与世界的内在联系；能从不同角度发展发现、分析和解决问题的能力，提高人文素养，形成正确的世界观、人生观和价值观。

化学：作为理科科目，相比于物理学科，化学的学习并不用太强的逻辑理解能力，只需要将一些基础的概念以及物质性质记清楚，按照合理的方法推导即可；模块化强，知识点之间的关联相对较小，提分更容易。

生物：生物与化学其实有着较强的关联性，它们都是以实验为基础的学科，与实践和生活紧密相连。记忆性的知识也没有文科科目那般繁杂，多是贴合生活实际、具有一定趣味性的知识。

政治：政治的难度与历史学科不同，不仅仅是对大量知识的记忆，更多的是考查学生分析问题和解决问题的能力，同时要联系大量的时政热点。因此，政治一直被认为是一科很难考低分，但也很难考高分的科目。而对于理科生来说，政治就更是让人头疼的科目了。

地理：地理学科又称文科中的理科，之所以被认为是文科三科中难度最大的，是因为它同其他两科的学习思路有些不同。因此理科思维较强的同学学习该科有很大的优势。大学的地理学相关专业基本只招收理科生。以理科思维去学习地理，从理解掌握的角度来说极有优势。

总之，面对新高考选科的新形势，学校、教师、学生三方要加强合作。学校方面尽量开设心理健康教育课程和生涯规划指导课程，帮助学生了解自己的兴趣爱好，明确自己的学术方向；教师方面应对高校的相关专业和未来的职业进行介绍，帮助家长和学生作出选择，并提供指导和建议；学生方面要积极接受学校和教师的指导和建议，必要时请教师帮助自己进行分析判断，做好自己的职业生涯规划，适当作出灵活的调整，最终确定既符合自己的兴趣特长又满足高校专业需求的选考科目，在丰富的课程中体现自主性和选择性，提高自己的综合素质，实现自己的理想。

参考文献：

［1］曹培杰.STEM教育在学校如何真正落地［N］.中国教育报，2018-10-27（3）.

［2］刘绮君.香港中小学STEM教育的概况与实践案例［J］.软件导刊（教育技术），2016，15（10）：56-58.

精准备考，强化管理，书写奋进之笔

——曾宪梓中学2022届高考展望

笔者所在学校高考备战工作坚持以"抓集体备课，促高效课堂"为抓手，以科学、规范的管理为方向，发扬敢于拼搏、敢于亮剑的精神，拼出一片新天地，以期夺取2022高考的全面胜利。

一、梅州市一检质量情况分析

本次市一检我校物理方向414人，历史方向178人，合计592人。

物理方向：最高分635分，600分以上16人；535分（特控线）以上128人，上线率30.9%；429分（本科线）以上371人，上线率89.6%。

历史方向：最高分578分，525分（特控线）以上38人，上线率21.4%。422分（本科线）以上164人，上线率92.1%。

物理、历史合计：600分以上16人，特控线上线人数166人，特控率28.04%，本科率90.4%。

市一检反映出我校总体尖子生不尖。一是总分不够拔尖。物理方向我校第一名635分，全市排102名，我校第二名627分全市排149名。历史方向，我校前3名，分别在全市排77、89、99名。二是单科不够突出，除了物理比较好外，有3名学生98分并列全市第10名，共11名学生进入全市前100名；其他科如语文只有4名，数学和化学只有3名学生进入全市前100名，我校数学最高分排在全市第80名、英语最高分排在了全市102名，生物只有5名学生进入全市前100名，政治、历史、地理一共也只有7名学生进入全市前100名。

当然，尖优生培养方面，经过近三年的努力，还是取得了一定的进步。2019年这届学生中考的入学成绩的最高分为955.5分，排在全市第593名，全年级只有6名学生成绩排在全市前1000名。本次市一检物理、历史方向进入全市500名的学生分别为17名和31名，对比这届学生中考的入学成绩，已初步实现"辛勤付出有回报，师生同心铸佳绩"的目标。

二、下一阶段高考备考工作计划

距2022高考还有不到100天，在这个关键的时期，应当认清备考形势和方向，研究2022高考命题方向和重点内容，研究应对策略，加强对各科复习、考试质量的监控，从而优化高三后期备考思路。

（一）加强市一检的质量分析，把握后期努力的方向

总结市一检情况，结合学生的考试成绩、答题暴露的实际问题、与兄弟学校的数据对比，既找亮点也找不足，既看优势也看差距，明确认识考试反馈的种种问题，做出正确的客观评价，提出针对性的改进措施，把握最后阶段复习备考努力的方向。

（二）强化备考管理，重在细节落实

精心做好高三后期备考工作安排。备考从精：加强集体备课，精心备好每一节课，确保每一节课的质量，精心出好每一份试题，真正实现精准备考。管理从严：从晨读、早读、午读到晚读，加强对学生非常态时间的管理，让管理出效益。陪伴从心：每天自习课安排教师到班，每周增加晚自习教师下班辅导的次数，每天午休、晚息教师下到宿舍看学生，真正让爱陪伴学生成长。

（三）注重学生心理调适，帮助学生克服焦虑情绪

一是针对高三学生后期备考心理压力大的状况，高三年级每天开展大课间活动、中午班歌合唱和下午跑操活动，每天的晨读、早读、午读书声琅琅，每天下午上课前歌声嘹亮，每天下午的跑操步伐整齐划一，口号响彻云霄，让学生走出教室，释放压力。二是通过主题班会、专题讲座等途径，使学生认识考试的主要功能是验证学习效果，诊断问题，以便改进和提高。引导学生端正考试心态，缓解考试压力，克服考试焦虑。

（四）重视高考信息的获取，制订切实可行的后期复习计划

我校要求高三备课组认真研究近三年来高考试题，研读《中国高考评价体系》，精读《广东高考年报（2021年）》，重点领会今年的考点和去年的考点的相同与不同之处，尤其是增减了的考点，把握今年的命题方向与脉搏，使每位教师对考点做到了然于胸，再根据学校整体部署，制订出切实可行的后期复习计划。

（五）抓好尖子生的培育工作，实现名校录取人数的突破

将高三年级尖子生的培育工作放在重中之重。落实导师制，对拔尖学生、各类临界生进行质量跟踪，聘请专业的教师团队，为尖优生上课，对培养对象全面关注，适时提供教育和指导，做到干有目标、教有内容、导有措施、做有方法。进一步推动我校"强基计划"，做好2022年"强基计划""综合评价""高校专项"等高校自主招生的动员、报考工作，力争今年实现我校名校录取人数有所突破。

有上级部门的正确领导，有全校师生的努力打拼，有社会各界的鼎力支持，我们有理由相信，我们一定能打赢高考备考硬仗，拼出一片新天地，奋力书写宪中2022高考华章。

找准定位，精准发力，科学备考

——曾宪梓中学2021届高考工作总结

金牛奋蹄开锦绣，集智聚力能爬坡。梅州市曾宪梓中学2018年中考录取情况：全市前1000名仅10人，前500名仅有2人，高一普通生入学录取分数线仅列全市第七，第一名全市排382名。在2021届高三入学成绩不佳的情况下，宪中人发扬"不抛弃，不放弃"的精神，全力以赴，潜心辅导，实现"低入高出"，2021年高考取得大面积丰收，实现尖子生的突破，高考共13名学生600分以上，可进入全市前500名，其中物理方向有4名学生可进入全市前100名，高分尖子生数量取得近五年来比较大的突破，真正实现了"辛勤付出有回报，师生同心铸佳绩"的目标。现将高三备考一年来的工作总结如下。

一、精细管理，用心陪伴，家校合力

（一）以身作则，全程陪伴

在本届高三期间，高三管理小组按照教学进度和各阶段作息时间表，提前安排管理组成员和值日教师轮流进行值班工作，当值的教师每天早上6：15、7：15，下午2：10，晚上6：30以前到教学楼管理学生考勤、纪律和晨读、早读、午读、晚读（晚练）情况，除晨读外要求安排教师全程到班陪伴。一整年的高三备考，每一位高三教师都坚持了下来，做到来得比学生早，走得比学生迟。长期的陪伴，赢得了学生对教师的信任，也鼓舞了学生，让学生能全身心投入复习备考。

（二）日常行为，规范管理

在常规管理中，高三管理小组坚持常规检查和专项抽查相结合的方法，把学生日常行为纳入班级量化考核范畴。坚持实施"班级量化考核办法及宿舍量化考核办法为一体"的德育综合考核机制，借助"三育人"将班级卫生、出勤、眼保健操、课间操、清洁区卫生等内容纳入班级量化管理，并得到各班主任的高度重视和学生的积极配合。

（三）通力协作，双管齐下

高三管理小组认真抓好班级建设和班主任建设，紧紧依靠班主任这一最直接的管理者积极开展工作。高三开学初，进行了第一个主题班会"'三快'教育"。全体高三教师参与了主题班会，为班级的发展奉献自己一份力，充分体现了全员德育的工作。全员参与，全情陪伴，让学生充分体会到每位教师的敬业和勤奋，感受到对他们的关爱。各班主任通过开展班集体建设，积极培养学生的团队意识和集体意识，营造良好的班风、学风。高三管理小组配合班主任认真研究班级学情，制定一套行之有效的班级管理条例，将学生学习、日常行为规范管理量化，以激励学生勤奋学习、相互关心、相互帮助，争做文明优秀学生。

（四）心理疏导，合力建设

高三复习后期，部分学生感到困惑、焦虑、恐惧，高三管理小组利用晚自习，安排心理老师分时段、分组合进行心理疏导，同时在大课间为学生安排了手指减压操，帮助学生克服心理障碍。

高三管理小组以加强学校、家庭、社区"三位一体"合力教育为重点，积极构建年级组、家庭、社会一体化的大德育格局。高三管理小组在新学年伊始召开了家长会，让教师和家长从交流中获取了学生教育的第一手资料，为后续的家校合力建立了畅通的家校联系。

二、精准研究，科学备考，全面突破

新高考第一年，对我们来说既是机遇也是挑战。高三全体教师始终坚信，只要坚守常规，坚持创新，坚信成功，积极应对，拥抱改革，我们就会取得突破。本届高三一开始提出了高考目标：实现优先投档线任务人数160人，目标人数200人，本科线98%以上，实现学生被中国六大名校录取的突破。

（一）精准研究新高考，打有准备的仗

在新高考背景下，为及时了解和学习相关资讯，获取最新资源，以适时调整教学管理和高考备考策略，高三每位教师首先认真学习《中国高考评价体系》《中国高考评价体系说明》《普通高中课程方案和语文等学科课程标准（2017年版2020年修订）》等，参考往年的考纲、考试说明，同时研究和关注教育部考试中心传递的相关信息。其中除语文、数学、外语外，物理、历史、化学、生物、政治、地理为广东自主命题。在高三备考中，各学科均对近几年的高考试题进行深度研究、剖析，重点研究每套高考题双向细目表，命题的意图，考查的必备知识和关键能力，学科素养有何内在联系等。通过这些研究使教师在复习备考中精准指导学生备考，从而增强高三复习备考的科学性和有效性。

结合学校采用"请进来、走出去、沉下去"的策略，本届高三年级从8月开学以来，进行一系列关于新高考备考策略的线上培训活动。同时林敏校长亲自带领高三教师到珠海一中、南沙一中、执信中学、石门中学等学校交流学习。这种线上与线下相结合的学习方式，有助于把握最前沿的信息，使教师在指导学生复习备考中方向明、思路清、实效高。

（二）科学备考，打赢高考备考硬仗

高三年级管理组将科学备考作为基本策略，高三以来，前后一共用了至少10个课表，针对每一阶段的复习工作，调整阶段复习课表，切实做到精细化管理，充分利用好时间，提高复习备考效率。将晨读、早读、午读、晚修（晚读）安排，结合一轮复习与二轮复习、周测周与质检周等不同的时间安排，年级统一规划，根据实际情况进行及时调整优化，做到科学备考，高效复习。周测安排方面，一轮复习侧重语数英物历5个学科，安排每两周轮流进行一次周测。二轮复习兼顾四选二科目，安排每周进行一次完整的6个学科周测，周测后，在本周出成绩，并将优秀学生成绩在一楼两个楼梯口的白板上进行张贴表扬。

坚持高考备战工作以"抓集体备课，促高效课堂"为抓手，做好"四定（定时间、定地点、定主题、定主讲人）要求"，尤其是二轮复习后，要求做到"114"模式，即一周一教研，四周工作一体化。各学科以备课组为单位进行集体备课，每周进行集体研讨，贡献集体智慧，精心打磨，统一教案，统一进度，集体备课，提供了备课组内教师之间合作、探讨的途径，通过参与者思想火花的碰撞，集体智慧的分享，精华糟粕的取舍，促使教师之间加深对教材复习的理解和认识，带动、拓展学生对知识掌握的方法与思路，进一步归纳、提升和再创造备课组的教学设计，更好地适应学生的学情，更好地体现教师的教学个性，不断改进教师的备课水平，优化教师的教学行为，从而提高复习备考中的教育教学效果。

本届高三改进考试管理，加强对高三各次质检的分析，实现精准备考。针对每一次的质检要求，先召开高三各班班情分析会和各学科分析会，再召开年级质检分析会。在一些大型考试中，与蕉中中学分学科分别在两校召开学科分析会，做到了经验"共享"、问题"共商"、策略"共施"。同时采用行之有效的激励机制，如"曾智明过程激励奖""熊德龙奖教金"等，充分调动高三教师的积极性。2021届高三教师团队充分发挥协作意识，优化高三备考策略，如提前谋划高三半轮复习计划、第二轮复习资料的自编和三轮复习错题的汇编等，深入研究2021年1月23日至25日新高考八省联考（高考适应性考试）试题。在无考纲、又恰逢新高考的时代，八省联考是新高考的风向标，能让我们熟悉新高考的模式，我们师生反复研究、探索联考试题导向，明晰复习的针对性。

（三）推进"强基计划"，实现多种方式上大学

为增强本届学生冲击名校的实力（"211""985"院校或中国六大名校），强化学生的自信意识，让学生以更有效的方式考上更好的大学。为适应国家2020年提出的"强基计划"的基础上，在高二下学期组建了尖优生行政班——"强基班"，旨在全力抓好尖优生培养，任务到人，对培养学生全面关注，适时教育和指导，最终实现2021年高考尖子生的突破。在2021年"强基计划"中，强基班学生通过南开大学、武汉大学、四川电子科技大学、厦门大学等的初审和达到入围分数线，虽然最后未能通过"强基计划"被录取，但也给下一届学生留下了宝贵的经验。一是原则上不要参加数学笔试，因为相比于高考，"强基计划"数学难度更大，远不是一个层次。二是校测题目基本上与竞赛题目题型、难度接近，备考"强基计划"，离不开竞赛辅导，尤其是数学，如证明任意素数的开平方是无理数，用欧拉公式证明三角和与差证明和差化积，证明e的x次方是凸函数，两个人约好下午1点到下午2点在某个地点见面先到的人等了20分钟后离开，问两个人相遇的概率等。三是要加强各种知识的积累。例如，问对绿色化学的理解，并进行解释，生活中看到过什么化学现象，并解释其原因，氯化钠晶体和氯化铯晶体结构；等等。

经过全体教师和学生的努力，我们取得了一定的成效。

1. 与三年前入学成绩相比，实现了低进高出、低进优出成功逆袭

全体教师在生源整体不佳的逆境中艰难爬坡，在夹缝中顽强生存，在危机中以拼搏换取发展空间，实现了低进高出、低进优出成功逆袭。

2. 与1月八省联考成绩相比，突破了教学瓶颈，后期复习效果显著

第二学期备战高考中，全体强基班教师团结拼搏，全情陪伴，精细备考精准施策，学生学有法，后期复习效果显著，实现飞跃。物理类高考成绩年级前5名中，八省联考除詹家栋成绩省排6200名，其他均在15000名后；但经过近半年的努力后，2021高考成绩省排名均在10000名内的有4人，并且有4位学生省排在6000名之前，提升最高的是刁鹏，省排位前进30000多名。历史类考生高考成绩年级前2名者，八省联考均在15000名后，但高考省排位均在3000名左右。

另外为了实现我校2021届高考任务和目标，高三开学初就根据学生高二6次质检成绩和8月金太阳联考成绩，划分特殊线和本科线临界生，启动临界生导师制管理方案。成立以全体任课教师（包括本班非高三落级行政）为成员的班级导师组，实行以班主任为核心的科任教师负责制，在学生和导师之间双向选择基础上，经必要的调整，以班级为基本单位合理确定导师，并填写《导师制工作安排表》。要求导师每月最少一次与临界生沟通，进行学科学习方法的指导与考后分析，加强学生心理辅导。加强家校联系，每学期至少一次与临界生家长联系，尤其是寒假期间要与临界生家长通话或当面交流该临界生的生活、心理等情况，每次与学生或家长交流后，填写好《导师工作日志》，由年级主管检查导师工作的落实情况。

由于重视备考过程的落实、注重常规管理，本届高三学生高考600分以上13人，比去年增加5人，增长率为62.5%。其中640分以上2人，630分以上4人，物理类最高分646分，有5人可被中山大学以上名校录取（比去、前年增加4人）。本科上线559人，本科率达96.2%。其中物理组合本科率达98.1%，平行班9班本科率100%。

三、回望高三，砥砺前行

回顾2021届高三年级的管理工作，从优化年级管理团队、精细化开展学生工作、抓好班主任队伍建设、强化备课组建设等四方面我们都取得了令人满意的效果，这是值得肯定的。

2021届已结束，虽有成功，但这个过程中也有几点值得我们反思。

（一）选科结构不够合理

我校本届高三历史方向考生219人（占37.7%），物理方向考生362人（占62.3%）。2021年广东高考录取情况：历史方向特控线以上人数占7%，本科线以上人数占35.5%；物理方向特控线以上人数占24%，本科线以上人数占65.7%。所有考生中再选学科政治183人，获A等级以上74人，占40.4%；地理245人，获A等级以上79人，占32.2%；化学279人，获A等级以上63人，占22.6%；其中历史方向选化学111人，获A等级以上仅10人，占9%。从以上数据我们可以发现：本届高三存在历史方向选科人数占比偏大，还有生物、化学选科人数偏多，特别是历史方向学生选化学科目人数竟然达111人，但获A等级以上仅10人。因此加强高一学生选科指导，优化选科组合是提高两个上线率的关键所在。

（二）历史方向尖子生不突出

2021高考我校虽然在物理方向尖子生取得比较大的突破，但历史方向尖子生不突出。最高分601分，次高分599分（省排3000多名），两名学生数学成绩均在100分以下。因此高一学生选科时，引导部分尖子生（特别是数学成绩比较优秀的）选历史对培养顶级尖子生是非常必要的。

（三）新高考下多元招生模式仍需探索

下学期3月开始，高三着手收集整理强基计划招生、综合评价招生政策，通过宣传政策，引领学生利用各种机会考取名校。协助学生报名、写材料等工作，取得一定成绩，三名学生南科大综评入围、四名学生强基计划入围、一名学生北京外国语大学综评入围、一名学生香港中文大学深圳分校入围。虽然詹家栋、李秦等遗憾地以几分之差未考取武汉大学和南开大学，但也为下届强基班做了有效的探索。

（四）优投、本科临界生的划定标准还有待商榷

根据2021届划定标准：学生高二6次质检成绩和8月金太阳联考成绩进行划分，这种划分标准很粗略，导致界定的临界生并不是很准确，后期并不能精准地进行培养，导致资源不能合理地分配。同时优投、本科临界生的培养策略还有待提高。虽然大部分教师都能按照学校、年级统一规定进行临界生的辅导工作，但落实程度不同，导师工作也做得不够细致，导致部分学生成绩难有较明显的改善。

（五）普通班尖优生的培养方式有待加强

在平时每次质检中，普通班物理和历史选科的学生都有学生在年级前10名，甚至前3名，但高考600分以上，普通班仅有2名学生（7班和8班各一名），如果我们能做得更细、更实，600分以上学生是否还会有突破？只要我们总结经验，改正不足，相信2022届会做得更实在、更精细，尖优生、特殊率、本科率等就会有更大的突破。

2021年高考已经结束，学生已经展翅高飞，去寻找属于他们更广阔的天空，作为教育工作者是欣慰的，这将激励我们以更饱满的热情投入以后的工作中。

"三精"理念结硕果，奋楫笃行续华章

——曾宪梓中学2022届高考工作总结

栉风沐雨勤耕耘，天道酬勤创佳绩。2022年我校高考成绩呈三大亮点：

第一，音乐考生范仕峰被中国人民大学录取，实现考入六大名校的突破；张瞬城、汤家亮通过"强基计划"被中南大学录取，李炜鑫、谢璐璐通过综合评价被中山大学录取，实现多元方式上名校；其中"985"院校以上录取人数为7人，"211"院校以上录取人数为22人，名校录取人数创近五年新高。

第二，在全省（特别是梅州市）历史、物理方向总分600分以上人数锐减的情况下，我校600分以上考生人数仍有11人（仅较去年少2人）。

第三，在2019年中考入学成绩全市前600名仅1人，前1000名仅6人的情况下，今年物理、历史方向特控线上线总人数163人，较去年增加13人。

秉承"精致校园、精细管理、精品教育"的办学理念，我校践行"以生为本、以德为先"的教育思想，坚持"严谨治学、甘为人梯"的育人精神，团结奋进的宪中人再次用勤奋与汗水奏响厚积薄发的凯歌，谱写低进高出的新篇章。现将高三一年来备考的工作总结如下：

一、德育方面

（一）精细管理养习惯

学校实行精细管理，目的在于促进学生养成良好的生活、运动与学习习惯。为保证精细管理的要求落到实处，高三管理组采取了以下做法：

1. 高度重视队伍建设

既要强化管理组的带头示范和身体力行意识（比如管理组每个月的值日次数都比班主任和科任教师多），也要增强班主任和科任教师的大局意识、纪律意识、责任意识（三个意识的强化，使大家较好地完成了年级安排的值日、200天跑操活动的陪跑助阵等各项工作）。

2. 深入一线实地调研

比如，针对检查发现或反馈上来的主要问题，管理组主动到班级现场进行观察，以及开展小型座谈或短会，进而诊断问题，并提出可操作的整改措施。又如，协助班主任约谈家长，对违纪学生进行批评教育和思想引导。

3. 分享班主任工作方法

比如，管理组请班主任李雪梅老师分享了"怎样抓晨早午读站立读书15分钟"，请班主任钟新松老师分享了"怎样抓一体机管理、讲台整理和大扫除工作"和"怎样拓宽育人空间（家长、校友）"的宝贵经验。通过分享，帮助全体高三班主任提高班级管理和班级文化建设的水平。

4. 不放松日常行为规范

抓规范即是抓管理，但不仅仅是为了管理，而是为了学生今后长远发展考虑，正如林敏校长所说"教学生三年，为学生着想三十年"。无论仪容仪表、卫生、出勤，还是节电、眼保健操和课间操（后期组织大课间活动），以及宿舍内务与纪律，管理组都非常重视，并要求班主任切实抓好、管好。从总体上看，本届学生进入高三以来的日常行为规范比高二时进步大。

（二）特色德育促备考

进入高三以来，学校高度重视高三年级，通过开展为数不多但意义重大的大型活动（比如2021年8月高三师生动员大会，200天励志演讲和跑操启动仪式，百日誓师活动，"高考加油站"活动，"喊楼"减压活动，考前动员大会）来促进高考复习备考、激发学生斗志。管理组还通过评比"跑操先进班级""运动之星""勤奋之星"等活动来磨炼学生意志、提升学生备考底气。

在学校指导下，管理组还根据不同时间节点的需要，组织班主任开展了"以常规促学习，用坚持赢高三""高三不长，高考不远：快节奏、快适应、快行动""给梦想加上时限——筑梦·追梦·圆梦""坚持——为了心中的目标""成功只要六十天：激情·奋进·坚持""笑对高考，相约成功"等主题班会。通过主题班会，学生进一步明确了目标，增强了信心。

（三）家校携手育未来

为进一步加强学校和家庭的沟通联系，充分发挥学校与家庭教育功能，也为了助推2022届高考复习备考，管理组很重视家校合作与沟通联系，除了组织各班开好线上或线下家长会，还组建了年级家委会，经常就高三复习备考等各项工作及时跟家委交流，征求意见，争取支持。应该讲，这方面工作是做得比较成功的。在家委会和家长们的理解与鼎力支持下，年级各项工作的开展更为顺畅，比如家长们主动参与高三各项大型活动，也很乐意到校陪伴孩子进行晨读和晚修。

二、教学方面

（一）强化目标，坚定信心

本届高三开学初确定了高考目标：实现学生被中国六大名校录取的突破，实现"985"高校8人、"211"高校23人、特控线163人、本科线558人，然后把年级的目标细化到各班。在中考全市前600名仅1人、全市前1000名仅6人的基础上，这是一个"低进高出"的目标，我们只能打破"生源论"，让更多的孩子考上更理想的大学。近年来大家的危机意识伴随着问题意识越来越强烈，我们都在积极思考：如何让基础较差的学生赶上来，如何让好学生进一步提高拔尖。高三每一次的质检，我们都根据年级和班级目标认真进行考试分析，研究教与学的情况，争取作出正确的客观评价，提出针对性的改进措施。

（二）精准研究，科学备考

高三年级备课组认真研究近几年的高考试题，研读《中国高考评价体系》，精读《广东高考年报》（2020和2021），把握2022年的命题方向与脉搏，再根据学校整体部署，制订出切实可行的复习计划。结合学校"请进来、走出去、沉下去"的策略，高三年级教师认真听专家讲座和进行相关的线上培训活动。积极参加学校"2021年学科教学论坛活动""2021年学校命题竞赛""2022年青年教师解题比赛"等活动，在良好的教研氛围中，不仅高三教学中的实际问题得到了解决，也锻炼了一批优秀青年骨干教师。同时高三年级根据不同的阶段不断调整复习课表，以提高备考效率。

（三）抓实常规，聚焦课堂

做好高三备考工作，重在常规。管理从严：从晨读、早读、午读、晚读到晚修辅导，加强对学生非常态时间的管理，让管理出效益。陪伴从心：高三后期每天的自习课安排老师到班，每周增加晚自习教师下班辅导的次数，每天午休、晚息教师到宿舍看学生，真正让爱陪伴学生成长。备考从精：加强集体备课，精心备好每一节课，确保每一节课的质量，进一步提高课堂效率。精心出好每一份试题，考试后培养学生的反思习惯，从每一道错题入手，分析错误的知识原因、能力原因、解题习惯原因等，真正实现精准备考。

（四）突出重点，全面突破

高三培优工作是高三教学工作的重头戏。首先，学校重视强基班的建设以实现分层教学，年级要求在集体备课基础上，针对强基班再备课，更好实现因材施教。同时，年级落实导师制，对拔尖学生、各类临界生进行质量跟踪，对培养对象全面关注，适时进行个性化教育和指导。另外，每次质检电脑阅卷后，组织学科带头人在强基班学生的纸质答题卡上再进行批阅，认真分析尖优生的试卷，然后写好学科分析报告，分析学生答题的优点和不足，提出下一步教学建议和措施。进一步推动学校"强基计划"，做好2022年"强基计划""综合评价""空军招飞""民航招飞""艺考"等招生工作，力争今年实现我校名校录取有所突破。

三、工作反思

（一）反思

1. 要学会做思想工作

做思想工作，其前提是形成共同愿景，若无共同愿景则不能凝心聚力；其关键是诚恳耐心地沟通，如果沟通不畅就无法做好工作。

2. 要努力提升执行力

提升执行力，其前提是认同与服从并重，若不认同、不服从，则行动迟缓（表现为找借口推托或采取拖延策略或选择性执行）；其关键是精准施策，如果举措不接地气或随性随意就会影响执行的威信与效果。

3. 要善于激发内驱力

"我想做""比要我做"更容易把事情做成。"我想做"，其实就是内驱力（内生动力）。激发一个人的内驱力，需要内外因相结合。从内因来看，在于个人志向与追求以及责任担当；从外因来说，则需要建立科学合理、赏罚分明的体制机制，其中，内因起到决定性作用。

4. 团结协作非常重要

无论在管理组内部、管理组与班主任之间、管理组与科任之间，还是班主任之间、班主任与科任之间，都要加强团结协作。团结协作可以集众智、聚群力，可以优势互补、扬长避短。要做到团结协作，需要我们每个人都加强自我修养，比如保持谦卑之心，学会欣赏他人，相互补台，能包容、负责任、有担当；需要我们每个人都不断提升自己的能力，比如建言献策能力、处理事务能力、管理情绪能力、学科教学能力。

（二）改革措施

总结2022高考情况，结合各班、各学科学生的高考成绩、与兄弟学校的数据对比，既找亮点也找不足，既看优势也看差距，明确认识考试反馈出来的种种情况，作出正确的客观评价，提出针对性的改进措施，为2023届备考明确努力的方向。

1. 如何实现以多元方式上名校

本届音乐考生范仕峰被中国人民大学录取，张瞬城、汤家亮通过"强基计划"被中南大学（"985"院校）录取，李炜鑫、谢璐璐也通过中山综合评价被中山大学录取，基本实现以多元方式上名校。高三（10）班叶勋虽然通过层层面试进入空军招飞审核资格，但由于其最后高考成绩没有达标落选。

2. 物理、历史方向总体情况分析和比较

（1）高分层方面：2022高考我校600分以上11人，全部为物理方向考生，历史方向最高分578分（省排4000多名），因此高一学生选科时，引导部分尖子生（特别是数学成绩比较优秀的）选历史对培养高分尖子生非常必要。

（2）特控线方面：特控线上线人数163人（包括艺术类），其中，历史方向31人，占比17%；物理方向132人，占比32%。完成特控任务的班级有：高三（2）（4）（5）（6）（7）（11）班，超额最多的是高三（5）班，超过3人。从结果来看，为实现我校特控人数有新的突破（180人以上），物理方向应承担起重任。

（3）本科线：特控线上线人数549人（包括艺术类），占比约93.0%。其中，历史方向上线人数172人，占比95.5%；物理方向上线人数377人，占比91.0%。完成本科任务的班级有：高三（1）（2）（3）（4）（10）（11）班，超额最多的是高三（2）班，超过3人。另外高三（5）（6）（7）（9）班本科上线人数低于本班任务3—4人。从结果来看，历史班全部完成任务，值得表扬；而物理班本科上线情况不尽如人意，因此如何加强对物理班的管理和后进学生的指导值得我们深思。

3. 4选2学科情况分析

本届所有考生中选学科化学226人，获A等级以上44人，占19.5%（去年22.6%），B等级以上158人，占69.9%；生物464人，获A等级以上131人，占28.3%（去年23.8%），B等级以上383人，占83.4%；地理336人，获A等级以上100人，占29.8%（去年32.2%），B等级以上282人，占83.9%；政治162人，获A等级以上65人，占40.1%（去年40.4%），B等级以上145人，占89.5%。从结果来看，政治继续保持优势，生物有一定进步，地理、化学总体有所下滑。广东新高考赋分制实施两年，对4选2学科，如何指导学生科学选科以及平衡各学科值得我们总结和反思。特别是从新高考对选科要求看，物理、化学无疑是我们重点中学选科中最重要的组合，竞争非常激烈，所以必须重视化学学科建设，特别是增加化学学科课时量。

四、临界生导师制没有达到预期效果

本届高三开学初就根据学生高二6次质检成绩和高三两次联考成绩，划分特殊线和本科线临界生，启动临界生导师制管理方案。成立以全体任课教师（包括本班非高三落级行政）为成员的班级导师组，实行以班主任为核心的科任教师负责制。

表1　2022届各类临界生上线统计情况

	985线物理	985线历史	211线物理	211线历史	特控线物理	特控线历史	本科线物理	本科线历史
总人数	10	3	22	5	59	27	30	16
上线人数	6	0	6	2	26	6	4	7
完成率	60.0%	0.0%	27.3%	40.0%	44.1%	22.2%	13.3%	43.8%

从结果来看，总体各类临界生导师制没有达到预期效果。虽然物理方向"985"、特控线临界、历史方向本科线完成情况好一些，但物理方向本科临界、历史方向"985"、特控线临界生完成率远远没有达到要求。如何落实临界生导师制管理方案，发挥临界生导师制的作用，从而实现我校高考目标也值得总结和反思。

风雨兼程喜得硕果，奋斗逐梦再续华章。优异的高考成绩得益于社会各界的关心与支持，得益于全体高三教师的通力合作、砥砺奋进，得益于全体高三学子的不畏艰难、勤勉拼搏。新形势，新挑战，全体宪中人将不负重托，追求卓越，继续为梅州教育增光添彩而奋发图强！

勠力同心结硕果，精细管理出精彩

——曾宪梓中学2023届高考工作总结

勠力同心结硕果，精细管理出精彩。2023届高三在当年生源不利的情况下（2020年我校录取全市中考前1000名学生4人，最好成绩全市排875名），勇创佳绩，实现高考新精彩：600分以上24人，比去年增加13人；特殊控制线上线153人（其中"985"上线人数为9人，"211"上线人数为38人），特控率28.9%（不含地方专项）；物理方向饶礼凯同学总分640分（该生中考全省排2956名），历史方向李梦婷同学总分618分（该生中考全省排2339名）。

回顾本届高三备考工作，我们团队秉持"精致校园、精细管理、精品教育"的"三精"办学理念，精诚协作，相互配合。高三全体师生勠力同心，团结一致，坚持不懈，一以贯之地奋斗，用拼搏与陪伴谱写低进高出的美好篇章。

现将一年以来的工作总结如下：

一、德育方面

（一）精细管理，用心陪伴

首先是抓班主任团队建设。每个班主任都是年级德育系统团队的中坚力量，班主任团队的建设相当重要。为凝聚班主任团队力量，在开学前，年级管理组成员与班主任一起学习班级管理方法，一起制订行之有效的管理方案。开学后，每个星期定期进行班主任会议，增强班主任的大局意识和责任意识。结合校长和年级主管以身作则，带着班主任们看学生晨读晚读，让学生备受鼓舞。

其次是严抓德育常规。学生的良好德育习惯，能让学生更专注地投入到学习中去。年级管理组从学生的仪容仪表、卫生、出勤、跑操、班歌、口号、晚读、宿舍内务等各方面入手，协同班主任对日常德育常规严加管理。几乎每个月高三年级各班都能获得文明班或文明标兵班荣誉，很好地完成了学校和年级安排的任务。

最后是心与爱的陪伴，为高考护航。2023届是特殊的一届，这一届学生是在新冠疫情暴发期间进入的高中，直到2023年6月高考期间还有部分学生受疫情影响。但在这三年里，学校领导、高三教师团队和学生一路同行，尤其是2022年12月下旬，新冠疫情解封后的第一次大暴发，高三教师团队日夜不离地用心与爱的全程陪伴，帮助我们的学生顺利度过这一艰难时期，也让2023届学生的高考有了最基本的保证。我们重视家校合作与沟通，与家长齐心协力，用心陪伴学生。年级教师在晚修之后进宿舍看望学生，关心和陪伴学生；部分家长在百忙中抽出时间到教室看晚读、看晚修：家校合力，为高考保驾护航。

（二）特色德育活动，激发学生内驱力

高三年级根据不同的时间节点，开展了系列特色德育活动，激发学生内驱力，助力高考。学校2022年6月组织举行了2023届"青春向党十八而志强国有我"的十八岁成人礼仪式；8月进行了以"拼搏高三——抢时间提效率无悔青春"为主题的高三师生动员大会；11月举办了"方可老师励志演讲暨高考200天跑操授旗仪式"活动；2023年1月组织高三学生迎新年茶话会、"放飞梦想圆梦2023"挂灯笼活动；2月27日召开了主题为"奋楫100——专注高效超越"高考百日冲刺誓师大会，同时进行了班歌比赛、跑操比赛；3月高三年级开展了"播下希望、种植梦想"植树活动；5月20日高三年级在智明运动场开展心理减压高考加油站活动；5月22日至24日开展"我的高考之路"助力高考心理讲座；6月5日举行"笑对高考·相约成功"高考考前动员出征大会暨授旗仪式……这些活动的举办，有效激发了学生的学习动力，有助于学生调整心态，以最佳状态迎接高考。

高三年级还开展了励志系列主题班会，如2022年8月"以常规促学习，用坚持赢高三""'三快'教育：快节奏、快适应、快行动适应高三"，9月的

"三梦（筑梦追梦圆梦）教育""如何有效管理时间"，11月的"意志性格命运""弘扬体育精神"，12月的"强体魄抢时间拼效率"，2023年4月的"成功只要六十天：激情·奋进·坚持"，5月的"倒计时三十天：脚踏实地蓄势待发"等。

高三年级德育教育的成效，表现在学生离开学校时的举动。6月10日毕业典礼结束后，高三学生开始清空、打扫教室和宿舍，留下整洁的教室，干净的宿舍，为学弟学妹树立了榜样，这也是宪中精细管理、用爱陪伴理念下的必然结果。

二、教学方面

（一）目标引领，扎实推进高考备考工作

（1）参考2022届高考情况及2023届学生实际，本届高三在开学初就制定了奋斗的总体目标，再把目标细化到各班。划分好各班"985""211"、特控线、本科线等各条线的临界生人数，实行导师制跟踪，并根据教师和学生双向选择的原则安排好临界生导师。

（2）组织开展"第一轮复习中期总结"研讨会、复习备考交流会等，为各阶段复习备考指明方向。组织各备课组研读《中国高考评价体系》，精读2023年度高考蓝皮书《中国高考报告（2023）》，探究高考新动向，把握高考的命题方向与脉搏，再根据学校整体部署，制订出切实可行的复习计划。结合学校"请进来、走出去、沉下去"的策略，高三年级教师认真听专家讲座和进行相关的线上培训活动，如参加《双特生培养专题研讨会》《把握新旧课程备考衔接方案细化学科关键能力培养过程》等线上培训。校长带队到佛山南海石门中学和广州市执信中学进行学习交流，增强高三复习备考的科学性、针对性和有效性。

（3）进入高三以来，针对每一阶段的复习工作，调整阶段复习课表，前后一共用了至少10个课表，充分利用好时间，提高复习备考效率。结合一轮复习与二轮复习时间和内容安排，年级统一规划，根据实际情况及时调整，优化晨读、早读、午读、晚读、晚修安排以及周测周与质检周等不同的时间安排，

做到科学备考，高效复习。注重引导学生对非常态时间的利用，在精细处出精彩。高三第二学期每天自习课安排教师到班，3月起实行"两班倒，三晚到"的晚修辅导模式，增加晚自习教师下班辅导的次数，5月起安排教师每天中午、晚休后下到宿舍陪伴学生，真正做到用心与爱的陪伴。

（二）成绩虽有突破但亦留有遗憾

（1）2023年高考我校600分以上有24人，比2022年多13人，600分以上学生人数有比较大的突破，高三（1）班和高三（11）班两个强基班功不可没，平行班也出力不少。600分以上的，物理方向有21人，最高分640分；历史方向有3人，最高分618分（2022年578分，2021年601分）。由此看来，今年高考历史方向从高分人数及最高分来看为近三年最好成绩。建议指导高一学生选科时，可引导部分尖子生选历史，对培养高分尖子生非常有必要。

（2）特控上线人数153人，其中历史方向40人，物理方向113人，特控率28.9%。从完成情况看，历史方向3个班都完成了特控任务，尤其是高三（2）班，上特控人数13人，超任务人数6人。而物理方向特控人数比去年有所下滑，所有班级均未完成初定任务。这也是学校管理层及2024届高三团队要认真分析、吸取经验教训的地方。

（3）本科上线人数485人，占比约90%。从结果来看，本科上线情况不尽如人意，因此如何加强学生管理，特别是手机和宿舍晚息管理，以及后进生的导师制等问题，值得年级深刻反思、认真探讨。

（4）本届选化学197人，A等级以上44人，占22.34%（去年19.5%；前年22.6%），B等级以上148人，占75.13%（去年69.9%）；选生物476人，A等级以上128人，占26.89%（去年28.3%；前年23.8%），B等级以上391人，占82.14%（去年83.4%）；选地理248人，A等级以上86人，占34.68%（去年29.8%；前年32.2%），B等级以上223人，占89.92%（去年83.9%）；政治150人，获A等级以上80人，占53.33%（去年40.1%；前年40.4%），B等级以上138人，占92%（去年89.5%）。从结果来看，政治继续保持优势，地理、化学有一定进步，生物有所下滑。从高考总体成绩来看，四选二科目对总分贡献的重要性毋庸置疑，四选二科目课时与其他学科应该尽量平衡，第二学期四选二科目每周只安排3

节课的做法是否需要进一步优化？是否需要再增加一些课时？这些还需要进行论证。

三、工作反思

回顾2023届高三年级的管理工作，从德育方面、教学方面，管理组的工作都是可圈可点的。但是也有一些问题值得我们认真反思：

（一）加强团队协作能力，同舟共济，提升年级凝聚力

高三年级无论是管理组团队、班主任团队、备课组长团队、教师团队、班级教师团队，都要加强协作，互帮互助，为团队建设、年级发展提供有力的建议。若出现在布置工作时互相推诿、内部拆台，或者是在他人想努力奋进、创新工作的时候泼冷水，或者是在新政策实施时不但自己不执行还要劝阻别人执行，或者是在团队内煽风点火、阴阳怪气、冷言冷语等情况，都会大大降低团队的工作效率，工作效果就会大打折扣。一个团队要健康、团结，为共同的愿景努力奋斗，方能有战斗的力量，方能事半功倍。

（二）提高执行力，落实学校工作安排

执行力是管理工作的保证，在工作中要先有想法、再找办法，最后才是算法。若我们在工作时总是算着自己能获得多少利益，那执行力势必大打折扣。在学校新措施、新要求出来的时候，先执行，在执行中理解、反思、优化。例如，本届高三3月开始跑操3圈，学生都能坚持下来。在4月开始增加18：15分晚读后，学生仍然是跑3圈，但是越到后期就跑得越不成形，我们也在反思，跑不成形的跑操要如何改进，如何优化。跑不成形的跑操会对班级的纪律性造成影响，散漫之心一旦形成，要再凝聚成奋斗坚持之心，就难上加难，所以到后期感觉学生总是提不起劲。

（三）激发学生的内驱力

要把学生的"家长要我学""老师要我学"的观念，转变成"我要学"，"我要努力""我要坚持"，这就是学习的内驱力。内驱力的激发，需要结合学生本人的目标与理想，因此要加强学生的理想信念教育。学生若总是把目标定在触手可及的位置，没有需要跳一跳才能够到的目标，那么学生的内驱力就

会不足，就会造成学生在复习备考中满足于现状。例如，某班有个女生，满足于已有成绩，以为目标大学已在囊中，放松了学习，高考分数却仅仅进了二本分数线。一旦激发内驱力，就会有奇迹出现，如高三（9）班刘同学，虽然进入高三后8月联考时总分才412分，但后来他抛开一切干扰，全身心投入复习中，最后高考时总分542分，上了优投线。

（四）加强尖优生培养工作

虽然受限于2020年录取生源不利的情况，但高考后反思，如果在尖优生培养方面做得更细更实，相信今年620分或600分以上人数会更多。建议2024届高三：一是要在高三第一学期让尖优生平衡各学科的学习，尤其是语文、数学、英语学科不能太偏科；二是以总分最高分为原则，科任间要团结协作，合理安排时间，不能各自为战抢时间；三是要做好尖优生的各类跟踪工作，不仅要留意学生成绩的变化，更应关注学生情绪、心理等的改变；四是管理组成员要加强学习，提前谋划，做好各项准备工作，如清楚了解强基计划、综合评价、空军招飞、民航招飞、艺术生招生、专项计划（高校专项、地方专项）等各类招生条件和注意事项，要很清楚地知道符合这类条件的学生名单和平时的成绩，对其存在的弱势学科或项目及时补弱，增强其竞争力；动员并推荐尖优生高考前做好政治审核等准备工作，以备不时之需。

鲲鹏凌云翻千浪，魁星点斗耀万宇。2023届已落下帷幕，有亮点有不足，有满意有遗憾。希望全体宪中人更加奋发图强，做足过程，不断追求卓越，以期2024届高考创造更优异成绩！

让延安精神在青春中绽放

——2023年梅州市教育系统党务工作业务骨干培训总结

延安,见证中国革命历史的圣地!

踏着金秋的韵律,怀揣青春的梦想,我有幸参加2023年梅州市教育系统党务工作业务骨干培训,远道到延安参观学习,接受这次特别的党性教育。

延安革命历史纪念馆、凤凰山革命旧址、杨家岭革命旧址、枣园革命旧址、南泥湾大生产展馆、梁家河小山村……一路走来,一路感悟。踏着结实的黄土高坡,听着讲解员生动的解说,闻着浓郁的黄土气息,看着一张张泛黄的照片,走过那一间间充满历史的窑洞,把大家的思绪一下子又拉回到了革命战争年代的延安。当年那一幅幅惊心动魄、艰苦卓绝、感人至深的画面,再一次生动地呈现在大家的眼前。曾经在历史书本上出现过的历史事件和革命伟人们在我眼中变得越发清晰而真切,我仿佛置身在他们那个年代,感受到他们身上卓越的品质。站在伟人的故居前,"延安精神"显现得那么亲切自然。

1935年到1948年,老一辈无产阶级革命家在此生活和战斗了13个春秋,运筹帷幄,决胜千里,领导和指挥了抗日战争和解放战争,奠定了中华人民共和国的坚固基石。延安十三年孕育了伟大的延安精神,在中国革命和建设中发挥了巨大的作用。延安精神是中国共产党,也是中华民族的宝贵精神财富,它对中国历史发展进程产生了巨大和深远的影响。坚定正确的政治方向,解放思想、实事求是的思想路线，全心全意为人民服务的根本宗旨，自力更生、艰苦奋斗的创业精神，延安精神的核心内容正是老一辈革命家在真枪实战中总结出来的。那么，这么宝贵的精神财富，我们怎么应用在实际的生活工作中呢？

一、加强理论学习，坚定理想信念

坚持把学习贯彻习近平新时代中国特色社会主义思想、党的二十大精神贯穿全部工作始终，坚持读原著、学原文、悟原理，每天挤时间自学1小时，认真深入领会，及时跟进学习。在"学懂"中筑牢信仰之基，在"弄通"中补足精神之钙，在"做实"中把稳思想之舵，进一步夯实理论基础，切实做到学以致用、以用促学，提升理论指导实践工作能力，努力把工作再上一个台阶。

二、改进工作作风，强化担当意识

严格落实学校领导层决策部署，工作中遵守精细化原则，要做就尽最大努力做好，用高标准高质量来要求自己。作为学校管理者，落实就要担当，一要有迎难而上的担当，不怕得罪人，不怕受累、受气，遇到问题不上交、不下压、不外推、不后拖，要有钉子精神。二要以身作则，严于律己，严格按各项管理制度办事，要求教职员工做到的自己率先做到，群策群力、苦干实干，共同开创更加美好的未来。

三、勇于开拓创新，追求卓越境界

将初心融入血脉，把使命扛在肩头，积极贯彻广东省高质量发展大会精神。加强业务学习，学习先进的教育教学理论和教学管理知识，广泛吸收好的经验、方法，切实转变观念，增强紧迫感，提高服务意识和责任意识。自觉、积极、主动地开展工作，并在工作中积极开动脑筋，转变工作思路，认真进行研究，求真务实，确保本职工作的正常运转，推动学校有效教学、高效课堂改革的落地落实，不断提高教育教学质量，力促学生成才、教师成长、学校发展。

四、严守政治纪律，筑牢廉政防线

严守政治纪律和政治规矩，带头做到自律、自省、自警，时刻严格要求自己，要求别人做到的，自己首先要做到，禁止别人做的，自己要坚决不做。坚决反对特权思想和特权现象，正确行使权力、依法用权、秉公用权、廉洁用权，做到心有所畏、言有所戒、行有所止，处理好公和私、情和法、利和法的关系。

经历了这次延安教育党务培训后，我意识到，只有永保延安精神的本色，踏踏实实地为人民服务，才能把工作切实搞好。我们学习延安精神，就是要把延安精神带回我们的工作中，求真务实地为群众多做实事，多做好事。要高举中国特色社会主义伟大旗帜，发扬艰苦奋斗的精神，深入学习党的先进理论，保持共产党员的先进性，脚踏实地，任劳任怨，全心全意为人民服务。

延安党务工作业务培训深深地触动了我的灵魂，给了我太多的感动和教育。在今后的教育工作中，我要不抱怨，不怠慢，不消极，不推诿，竭尽心力，用无限的忠诚和热爱，做好自己的工作，无愧于党，无愧于人民，更无愧于自己。

感悟衡中精神，点燃学习激情

——观衡水中学有感

2014年11月15日至16日，我校26位教师在市教育局廖锦华主任的带领下赴河北衡水中学参加由中原基础教育研究院、创新教育联盟和河北省衡水中学联合举办的"第八届中国卓越创新校长论坛暨攻克高考策略研讨会"。两天的会议时间，我们参观了衡水中学校园，观摩了学生课间跑操，并参与了"印象衡中"精彩对话，聆听了衡水中学郗会锁副校长、倪秀娜主任的组合讲学，对该校进行了全方位的了解和体验，感受了衡水中学追求卓越的精彩之思与精彩之举。由于时间紧张，自认为没有发现真的东西，得到一些凤毛麟角的印象，有所感悟。

一、感悟一：这是一所人文校园

衡水中学的环境处处育人，衡中最美的风景莫过于其文化长廊，衡中的优秀学生处处张贴有序，处处是榜样的力量，衡中沉淀下来的文化氛围真是多，每年的高考状元，每年的清华北大学子的学习心得体会，张贴在校园的每个角落以及寝室的学生的格言和誓言，学生的目标在寝室彰显个性，寝室较整齐、整洁，实施军事化管理，衡中的食堂给人以亲切感。衡中的教室文化处处是竞争氛围，教室中有多种警示牌，如高考倒计时、高考目标、联考倒计时，以及对别班的挑战书、应战书等体现了强烈的时间感和目标意识。衡中学生的校服也有文化，"追求卓越"的校训已经深入学生的内心。我想，无论是谁置身于这种环境之中，都会被这种向上的气息所感染、所激发。生活在这样的环境，使人自律，让人自豪，令人振奋，促人奋发，这恐怕就是衡水中学的魅力所在。

二、感悟二：这是一所激情校园

在衡水中学校园，时时处处弥漫着一种激昂情绪。衡中师生精神状态好，他们对工作、对学习始终充满热情。

关于衡水中学的跑操，在我来衡中之前已经听过许多次，但每次听说之后，我的心里总是不那么确信，我甚至还持着怀疑的态度，不明白究竟是什么样的跑操可以让全国各中学念念不忘。终于，我见到了衡水中学的跑操，一瞬间，我热泪盈眶。

太震撼了，太感人了。整齐的步伐，激扬青春的口号，意气风发斗志昂扬，这一切都在向我们展示着他们的自信。是的，他们有着足够的资本去自信。我们不视衡中那高达百分之九十几的升学率和那硕果累累的学科竞赛成绩，单就这个跑操，就可以成为他们自信的资本。

三、反思：精神铸就名校品牌

跟人家相比，我们倍感落后。展望未来，我们任重而道远。也许在很多硬件方面我们远不如人家，要达到人家那样的水平和成绩我们还要走很长的路。但我们只要具备了衡中人那种积极向上、努力拼搏、求真务实、追求卓越的精神，我们就可以藐视一切困难；将这种精神内化为我们行为的指南，我们就可以不断地超越自己，一步步迈向新的目标。

我们向衡水中学学习，就应该学习衡水中学的精神，而不是照搬照抄他们的种种现成的经验和方法。照搬照抄、生搬硬套不是我们学习的真谛，因为每个地方、每所学校的背景不同，起点不同，文化底蕴不一样，同样的做法可能效果不尽相同。

我们要让每个学生有激情，有追求，有向往，让校园成为激情燃烧的校园，让教育者以春风拂人，以春雨润人，让受教育者如沐春风，如沐春雨。

第五章

课题研究及活动成果

"基于生活体验的高中物理有效教学实践研究"课题研究成果报告

课题负责人：刘崎，梅州市曾宪梓中学物理高级教师
主要成员：冯兆明、康健、廖志勇、廖振亮、邓润来、刘兰春、向敏龙

一、问题的提出

物理学科是理科性质学科的基础，对人类科学的发展起着重要作用，能有效地培养学生的理性思维。然而传统的物理学科教学模式学术化倾向较严重，侧重学科训练，仍然有很多教师还在遵循"老师讲、学生听、记笔记、做运算"的教学方式，学生对物理概念的理解以及对物理规律的总结不是建立在知识完整性的基础上，而是通过教师对典型习题的讲解、学生大量地练习，并加以强化训练而训练出来的。这种教学模式过于重视学生学习的认知性结果，忽视学生的过程性体验，使学生获得的知识成为孤立的信息或材料，导致学生机械记忆，不利于学生对知识的迁移，因此这种物理教学是极其低效的，这是值得高中物理教师思考的问题。

物理与生活有着密切的联系，生活的衣、食、住、行中都蕴含着物理知识。依据新课程教学改革的基本理念"从生活走向物理，从物理走向社会"，高中物理教学应该注重从学生已有的经验出发，通过生活体验，使学生逐步学会通过所学知识分析和解决简单实际问题的能力。而生活体验式教学作为一种新型的教学手段，在高中教学中得到广泛应用，将其应用到高中物理教学的课

题中，对于提高教学效果意义重大。

在中国教育改革大背景下，利用生活资源，加强课程内容与学生生活体验，引导学生主动参与、勤于动手、乐于体验，使知识有活力，生活有价值，也为学生的终身发展和应对现代社会发展的挑战奠定基础。

二、研究现状综述

教育与生活体验的关系是中外课程发展中备受关注的问题。国外对于相关课题的研究已有近百年的历史并提出了很多具有借鉴意义的观点和理论，如法国卢梭提出"生活教育"的教育观点，美国教育学家杜威提出"教育要关注儿童的原有的生活经验和现实生活"的教育理念，德国哲学家胡塞尔则提出了"教育回归生活世界"的观点。

在近代中国研究教育教学与生活实际的联系，影响最大的是陶行知、陈鹤琴、杨贤江等人。陶行知提出了"生活即教育"的教育观点。陈鹤琴在陶行知"生活教育"理论的基础上，提出了"活教育"理论，其中"活教育"的教学方法是"做中教，做中学，做中求进步"，重视学生的生活体验。

随着课程改革的深入，生活体验教学的理念渐渐引起了教育界同人广泛的关注和重视，全国各地也相继开展了对生活体验教学的理论和实践研究。但总的来看，这些研究目前还处于初步的探索阶段，具体到高中物理教学来说，研究甚少。利用中国知网以主题词"生活体验"并含"高中物理"查询，仅找到16条结果，其中硕士论文2篇，期刊论文14篇。大多是从理论的角度论述物理教学与生活联系的必要性和重要性，而对从教师和学生的实际出发如何加强生活体验与高中物理有效教学的具体教学案例研究还有待补充和完善。

三、研究理论综述

（一）卢梭的自然教育思想

卢梭是18世纪法国伟大的启蒙运动者、教育家。他的教育代表作《爱弥尔》在近代教育史上居于十分重要的地位。在西方教育史上，他第一次明确提出教育应从人的自然本性出发，使人得到充分的自由发展。

卢梭认为，人的教育来自三个方面："天性"的教育、"人为"的教育和"事物"的教育。"天性"的教育是指遵循受教育者的身心发展潜能进行的教育；"人为"的教育是指教育者对受教育者所施加的有意识、有目的的指导作用；"事物"的教育是指周围环境对于受教育者的影响。他提出真正的教育应当是顺应儿童天性发展的教育，即自然教育。

（二）陶行知的生活教育理论

陶行知先生是中国现代教育史上一位伟大的教育家，他在教育方面的贡献是无法磨灭的。"生活教育理论"是陶行知教育思想的基本理论，该理论贯穿在他的教育思想和实践的各个方面，它包括了教育的目的、教育内容和教育方法。其"生活教育理论"主要包括三个观点："生活即教育""社会即学校""教学做合一"。

（三）现代建构主义学习理论

建构主义学习理论在20世纪80年代开始流行于西方，其最早提出者可追溯至瑞士的心理学家皮亚杰，随后科尔伯格、斯腾伯格、卡茨、维果茨基等对建构主义都有论述。现代建构主义是在行为主义心理学和认知心理学理论的基础上发展起来的，其综合并发展了皮亚杰、布鲁纳、维果茨基和奥苏博尔等人教育思想的精髓。建构主义思想的核心是：知识是在主客体相互作用的活动中建构起来的，它对当前的教育教学改革产生了极其深远的影响。

建构主义学习观强调学习者利用已有的知识经验积极建构新的知识，强调学习的主动建构性、社会互动性和情境性。学习的主动建构性是说学习不是由教师向学生传递知识的过程，而是学生建构知识的过程，教师是意义建构的帮助者和促进者，学生是信息加工的主体，是意义的主动建构者，学习者综合、重组、转换、改造头脑中已有的知识经验，来解释新信息、新事物、新现象或是解决新问题。学习的互动性则是学生在一定情境下通过人际间的交流与协作，利用必要的学习材料，通过意义建构来获取知识。学习的情境性中，知识存在于具体的、情境性的、可感知的活动中，只有通过实际应用活动才能真正被人理解，在学习的过程中，要把学生已有的生活经验引入到要学习的内容中去，通过创设符合教学内容要求的情境和利用新旧知识之间的联系，帮助学生主动建构当前所学知识。

（四）人本主义学习理论

人本主义学习理论强调人的价值，重视人的主观能动性、选择和意愿，认为学习者是学习的主体。在教育活动中，学生是具有发展潜能和发展需要的人，会根据自己的爱好、追求等来选择教育影响，并将其内化为自身发展需要的内容。因此，要重视学习者在学习过程中的自我导向和自我调节，主张发挥学习者的特质和潜能。生活体验式教学追求学生在学习过程中利用生活资源，亲身体验、自我发展，充分尊重学生的主体地位，是人本主义理论的具体落实。

以上内容大致概述了国内外教育学者关于教育与生活相联系的理论，这些理论对课堂教学是有实际指导意义的。

四、本课题关键概念的界定

（1）生活：生活是一个熟悉却又复杂的概念。《现代汉语词典》中对生活的解释是人或生物为了生存和发展而进行的各种活动。本研究对"生活"概念的诠释来源于杜威和陶行知的教育理论。1916年杜威在《民主主义与教育》中认为"生活包括习惯、制度、信仰、胜利和失败、休闲和工作。我们使用'生活'这个词来表示个体的和种族的全部经验"。杜威在1929年的《经验与自然》中还指出："生活是一种机能，一种无所不包的活动，其中既包括机体也包括环境。"1918年陶行知在《生利主义之职业教育》中指出生活"其范围之广，实与教育等"，他所讲的"生活"不是只限于满足人的生存需要的"衣食主义"，也不是只限于谋取职业的"生利主义"，而是"生活主义"的生活。生活主义包含万状，凡人生一切所需皆属之。他讲的生活包括四个方面：职业、消闲、社交、天然界。前两者指个人的劳动和日常生活，后两者指人与社会、自然的关系。

本研究中的"生活"指的是学生能接触到的真实生活，来源于日常生活、自然界、历史和社会。

（2）体验：体验，也叫体会，其含义是用自己的生命来验证事实，感悟生命，留下印象。体验到的东西使得我们感到真实、现实，并在大脑记忆中留下深刻印象，使我们可以随时回想起曾经亲身感受过的生命历程，也因此对未来有所预感。"体验"在刘惊铎的《道德体验论》中被定义为人类的基本生存方式之一，一种图景思维活动，也是一种震撼心灵、感动生命的魅力化育模式。这种新体验论倡导的思想理论主要有：三重生态观、体验本体观、生命样态观、生态化育观、魅力实践观、和谐价值观、生活世界观、生态智慧观等。《道德体验论》系统阐述了体验理论及其实践价值、实践方式，为体验与体验教育实践提供了理论支持，为中国和国际体验教育研究与发展提供了一种崭新的理念和模式。经过反复实践检验，体验已经被作为当代一种有魅力的德育模式和教育新理念。

同样，体验学习的"体验"来源于杜威提出的经验。杜威认为："不论对于学习者个人或者对于社会来说，教育为实现其目的，必须从经验及始终是个人实际的生活经验出发。"他还认为，个体要获得真知，就必须对原有经验进行运用、尝试、改造，换言之，就是要学生去"做"，即"做中学"。一个有效的学习者，必须全身心地投入具体体验中，从不同的角度反思和解释这些体验，运用逻辑思维整合观察到的事物，生成新的知识，并能在新的情境或体验中运用这些知识做出决策，解决问题。

本文研究"体验"是指对原有经验进行运用、尝试、改造，就是要学生去"做"，即"做中学"。

通过对"生活体验"基本内涵及其相互关系的解读，我们设计出以下的"生活体验"基本结构图。（如图1所示）

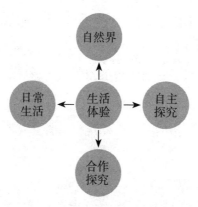

图1　"生活体验"基本结构图

本文中，主要是利用日常生活和自然环境，充分挖掘生活资源，开发一类具有趣味性、简单性和创新性的实验活动，在中学物理课堂内（外）教学中，通过引导学生自主探究、合作体验，在探究中求悟，使学生在体验中求真，探寻物理本质，增强问题意识，发展实践创新能力，形成正确的科学态度和价值观，从而满足学生终身发展的需求。

五、本课题研究的设计思路

（一）研究目标

（1）以高中物理课程目标为中心，大力挖掘生活体验课程资源，对高中物理生活体验教学内容进行开发和整合，使生活体验活动在中学物理课堂教学中呈常态化。

（2）构建合作、体验式的开放式教学模式，给学生自主发展的空间，让学生成为"发现"的主人。

（3）探索以"体验创新"为主题的物理课外活动，激发学生学习物理的兴趣，促进学生的个性发展以及创新能力的培养，也为学生的终身学习打下基础。

（二）研究思路

我们以高一（全部）、高二（理科生）为研究对象，以粤教版物理教材（必修一、必修二，选修3系列共七个模块）为载体，通过开发物理课堂（课外）生活体验活动教学案例，构建以学生为中心的学生物理课内外体验活动。具体研究思路如下：

自变量：学生生活体验活动。

实施方法：以粤教版物理教材（必修一、必修二，选修3系列共七个模块）为载体，开发生活体验活动案例，为学生提供物理课内外体验活动。

因变量：教学效果。

教学效果测定指标：活动方案、教师评价表、考试成绩。

六、本课题研究的内容与方法

（一）研究内容

以高中物理课程目标为中心，通过挖掘生活资源，大力开发物理课堂内（外）生活体验活动教学案例，从而使生活体验活动在中学物理教学中呈常态化。案例的开发以教学目的为指南，围绕教学任务展开，要求教师了解学生的情况和教材的内容，善于从教材挖掘问题，从学生的现实生活中挖掘问题，使体验活动的内容紧扣教材的重点、难点、关键点。

课题研究主要从以下几个方面进行：

（1）根据粤教版高中物理教材，寻找生活体验活动案例的开发模式。

（2）根据新课标的要求，建构以学生为中心的开放式教学模式研究。

（3）利用生活体验活动，开展高中物理教学研究与实践。

（二）研究方法

为使课题研究能务实开展、有序推进、取得实效，我们采用文献研究法、行动研究法和经验总结法等研究方法。

（1）文献研究法。搜集和查阅有关文献资料，学习、研究相关的教育教学理论和先进的教学经验，为课题研究提供科学的论证材料和研究方法，以目前实施的新课程要求为基准，对教材有关生活体验设计的内容和功能进行梳理和分类。

（2）行动研究法。将研究活动分工到备课组，责任落实到个人，通过不同模块的教学内容探寻生活资源，让学生在课内与课外教学活动中进行体验研究，做好课题研究原始资料的积累和整理工作。

（3）经验总结法。教师和学生在参与课题实验的过程中，对成功的经验、体会、感悟等进行归纳和提炼，形成经验总结，确定具有普遍意义和推广价值的方法。

七、研究成果的分析与讨论

本课题研究两年以来，课题组全体成员务实开展实验工作，有序推进各项研究计划，取得明显的实效。主要结论是：

（一）"生活体验活动"案例的开发模式是实现"从生活走向物理，从物理走向社会"的有效途径

通过梳理发现，粤教版高中《物理》七本教材中每一本教学内容都蕴含大量"生活体验"的教育元素，对提升学生的素养具有重要作用。根据高中物理教学特点，我们规定案例要素，根据教学内容统一案例分类，再由科学研究的方法，构建案例开发过程。

1. 规定案例要素

为了使活动案例具有可借鉴性、可操作性，要求尽量有统一的格式和要素。现对活动案例的一些要素统一规定如下：

名称：跟体验内容相关而又吸引人的名称。

类别：案例分类中将详细说明。

目标：通过体验活动要达成的教学目标。

章、节：即此体验案例适用于哪一章、哪一节的教学内容。

材料：完成体验活动所需要的主要材料。

过程：学生体验活动的主要内容以及开展的主要步骤和过程。

图片：学生体验活动过程的相关图片。

说明：完成体验活动的注意事项，体验活动的结论等。

例1：

表1　被吹偏的泡沫小球

名称	被吹偏的泡沫小球		类别	规律教学
目标	通过简单操作，探究物体做直线运动与曲线运动条件的对比			
章、节	第一章　抛体运动　　第一节　什么是抛体运动			
材料	泡沫小球、吹风机			

续 表

过程	1. 让一个泡沫小球自由下落，泡沫小球的运动轨迹是直线 2. 当吹风机侧向吹下落泡沫小球时，泡沫小球做曲线运动	
说明	小球合外力（重力与风作用力的合力）与速度不在同一直线时，小球做曲线运动	

2. 统一案例分类

为了使案例开发、整理和使用都更有针对性，有必要对案例进行分类。按照不同分类标准，有不同的分类方法。例如，按照参与的人数来分，可分为全体、部分、个人；按照参与者关系来分，可分为独立、合作。此外，也可按内容板块来分、按教材的章节来分等。因为本题主要研究生活体验在物理教学中的应用，所以根据教学空间分为物理课堂体验及课外体验活动，并对物理课堂及课外体验活动的特点进行分类。

（1）物理课堂体验活动

在高中物理教学中，课堂教学是教学过程中的重要环节之一。课堂教学要以学生为主体，教师的教是为了学生的学，良好的课堂教学方式能激起学生学习物理的热情并激发学生学习物理的兴趣。因此，教师作为课堂的主导者，根据学生的认知水平和已有的生活经验，在实际课堂教学中引入生活化元素，将课堂教学生活化，用形象直观的手段实施教育教学，让学生乐学、活学、会学。

我们把生活体验活动的物理课堂案例分为：新课引入教学、概念教学、规律教学和习题教学等四类。

① 新课引入教学。一节课的引入是非常重要的，心理学研究表明，学习的内容与学生熟悉的生活背景越贴近，学生自觉接纳知识的程度就越高。上面所列举的几个案例，将生活化元素融入图片、视频、小游戏、小实验等中，将

我们要学习的物理知识与生活联系起来，创设一个个具体的生活情境，让学生或观察、或参与、或思考，让他们亲身体验，亲身感受，将抽象、枯燥的物理知识具象化，使学生在学习物理知识的过程中可以在日常生活中找到"生活原型"。同时这些生活化元素都是学生熟悉的，但通常他们对身边熟悉的生活现象都是见怪不怪，不会深入思考其物理原理，当教师将这些学生已有的生活经验进行组织并应用到我们实际课堂中时，能够很有效地激发学生的学习热情，引发学生认知冲突，激发学生对物理学习的兴趣。通过教师有意识的引导和组织，现实生活中的生活化元素也能锻炼学生的观察能力和抽象思维能力。

② 概念教学。物理概念能够准确地反映物理现象及物理过程的本质属性，它是在大量的观察和实验的基础上，通过分析、对比、归纳和综合来区分个别与一般、现象与本质，然后再把这些物理现象的共同特征集中起来加以概括而获得的，它是物理事实本质在人脑中的反映。物理概念不清，就不可能真正掌握物理基础知识。对于高中学生来讲，物理概念是抽象的，高中学生抽象思维能力不是那么强，对于一些物理概念理解起来会有些困难。这里列举的几个案例，就是利用具体的生活中的物理现象来讲解物理概念，化抽象为具体，再用具体的生活实例概括升华得出概念的实例，这让看似深奥难懂的物理概念通俗化、直白化，学生学起来会轻松很多。

③ 规律教学。物理规律反映了物理现象、物理过程的内在联系，揭示了事物的物理运动在一定条件下必然发生、发展和变化所遵循的规律。物理规律是物理理论的基础，它与相关的物理概念一起构成了逻辑上和谐的知识体系，即物理理论。物理规律的教学是开发学生智力、培养学生能力的重要途径。将生活化元素引入到规律教学中，将学生置身于具体的生活情境，让学生转变学习方式，由被动接受转为积极参与，体验感悟，独立思考，自主探究，合作交流，在所学知识和熟悉的生活现象、经验之间建立起联系，则能使学生深化对所学知识的理解。

④ 习题教学。中学物理一个最基本的理念就是"从生活走向物理，从物理走向社会"，在学习了相应的物理知识后，学生还应该学以致用，能够用所学知识解决生活中相应的物理问题。在讲解完新知识后，教师可以从生活中找

到一些相关事例让学生思考、讨论、实验等，经过教师有意识的引导后，让学生明白物理并不是遥不可及的，而是就在我们身边。这有利于锻炼学生分析问题、解决问题的能力。

（2）物理课外体验活动

物理课外活动是课堂教学的重要补充。参加学科讨论、制作科技模型、观看实验表演、进行现场参观、阅读课外辅导资料、参加各种竞赛，不仅能帮助学生复习、记忆、理解学过的物理知识，培养学生联系实际的能力，而且能让学生开阔眼界，丰富知识，吸引学生探索新的物理现象和规律，这是课堂上得不到的，更不是做几道练习题所能代替的。所以，物理课外活动在空间上是对课堂教学范围的突破，在教学方法上是对情境教学方法的创新，在内容上是对课本教材的补充，在理念上是对传统教学思想的革新，充分体现了新课程教学的全面性、开放性、灵活性。中学物理课外的生活体验活动要源于学生日常生活并且能激发学生兴趣和参与积极性，体现教材资源的趣味性和多样性。

开展物理课外活动，活动的形式可以多样化，可以根据学校的具体情况，采用个人和团队两种形式。

例2：

表2　吹管箭打靶比赛

名称	吹管箭打靶比赛
年级	高一、高二、高三
类别	团队比赛
目标	通过学生动手制作吹管箭及打靶比赛，既强化学生对物理知识的掌握，又考查学生动手能力和实践创新能力
知识	平抛运动、动量定理
材料	圆管、箭体（箭体由空心圆锥体形状的箭头、箭杆和尾翼构成）、箭靶
制作	吹管箭，包括圆管和箭体。其特点在于圆锥体的直径和圆管内径相等，用来受风为箭体提供动力，用尾翼保证箭体稳定前进

续　表

过程	1. 每班派一个代表队参赛，作品必须是自己制作完成的，不得使用购买的商品模型参加比赛 2. 比赛先后次序由赛前抽签决定，抽签结果赛前由组委会通知到各队 3. 比赛分预赛和决赛，每个队各有3次射击的机会，射击距离为6米，3次累计环数前八名进入决赛 4. 进入决赛的8个代表队，按3次射击累计环数取一等奖1名，二等奖2名，三等奖5名	
说明	1. 吹管箭制作及发射都较为简单，将箭体放入管内，用口对着管口向内用力吹气即可 2. 该项目有一定的危险性，要提醒学生注意安全	

3. 案例开发过程

实践研究发现：科学、有效的"生活体验活动"案例开发方案应遵循下列六个过程：

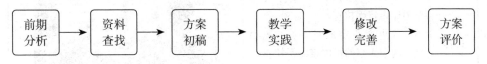

图2　"生活体验活动"案例开发方案的六个过程

（1）前期分析

根据教学内容，从新课引入、内容展开、问题解决三个方面分析是否需要开发活动方案。

表3　前期分析

教学课题	教学环节与内容		必要性分析					是否开发
			重点	难点	抽象	不是学生实验	……	
力的分解	新课教学	力的分解	√	√	√	√		√

注："是"打"√"，"不是"打"×"。

（2）资料查找

一个好的活动方案不是凭空产生的，往往是基于已有的活动方案进一步开发和完善而诞生的，或者受到某一资料、事例的启发，开发出全新的活动方案。因此，查找资料显得尤为必要。可供查找的资料包括：教材、各类参考书、专业杂志、录像课等。

（3）方案初稿

在查找资料尽可能考虑周全的基础上，设计出初步的活动方案。比如"力的分解"这一课堂体验活动案例设计如下：

表4 拉不直的绳子

名称	拉不直的绳子		类别	规律教学
目标	通过实际体验，引发学生的思考			
章、节	第三章 研究物体间的相互作用 第四节 力的分解			
材料	细线，重物			
过程	用一根长细绳，在中间挂上两个钩码 师：两名同学各执绳的一端，用尽全力能否将绳拉直？ 生：（非常肯定地回答）钩码很轻，两个人当然可以将绳子拉直（学生开始体验） 学生体验结果：两名同学不管用多大力，都不能将绳子完全拉直			
说明	实验结果和学生的认识形成较大的反差，引发全体学生产生"为什么不能将绳子拉直"，从而激发学生兴趣			

（4）教学实践

初步活动方案具体的设计效果如何，需要课堂（课外）教学实践的检验。

例如，研究"力的分解"这一课堂体验活动，经过课堂应用，发现存在如下问题：从体验结果来看，两名学生不管用多大力，确实不能将绳子完全拉直，但实际上悬挂重物接触点处绳子只是略为向下弯曲，教学现场可视效果并不明显，特别是座位靠后的学生看不清楚。

（5）修改完善

针对教学实践中出发现的问题进行修改，力求符合设计初衷，同时尽量实现可视性及可测量性，我们做了如下改进：将原来挂的两个钩码改为两个重锤，并改用较长的绳子。通过改进，我们在课堂活动实践中发现：两名学生不管用多大力，都不能将绳子完全拉直。

（6）方案评价

一个方案到底合不合适，有没有应用价值，最好能通过学生、教师两方面进行评价。

表5　生活体验活动方案学生评价表

评价项目	评价等级（1—10分）
该活动有趣吗？	
该活动的要求容易理解吗？	
该活动容易完成吗？	
该活动有助于你理解相关知识吗？	

表6　生活体验活动方案教师评价表

评价项目	评价等级（1—10分）
该活动学生有兴趣完成吗？	
该活动学生容易完成吗？	
该活动调动了学生参与、增强了学生体验吗？	
该活动与相关知识有机联系吗？	
该活动准备起来方便吗？	
该活动应用效果好吗？	

如果评价下来，综合平均得分超过60分，那么就认为方案是有实用价值的。

（二）"体验、建构、发展"开放式教学模式能为学生提供自主发展的空间，让学生成为"发现"的主人

学生是教学的主体，新课程倡导探究式教学，新课改中各地出现不少先进的教学模式，目的都是更好地促进学生的发展。我们课题组在教学研究实践中发现，强调以学生为中心，学生通过体验探究，并以小组合作形式对科学知识进行理解和研究，达到"体验、建构、发展"的教学模式更适合高中物理体验型教学。

1．基本环节

基于物理与生活的密切联系，"体验、建构、发展"的教学模式的主要教学环节分为4个阶段：①创设情境，提出问题；②探究体验，得出结论；③自主构建，获取知识；④巩固提升，发展能力。以上4个阶段的紧密进行体现了学习者基于原有的知识经验生成意义、建构理解的概念构建过程，也是引发学习者认知冲突和学习者对新知识加以理解消化的过程。

（1）创设情境，提出问题阶段

教师根据教学目标、教学内容、学生的心理特点和认知水平通过多种途径创设开放的问题情境，如演示实验、生产生活中的现象等，然后引导学生通过观察、分析，提炼出需要学习或研究的问题，问题需要具有典型性、启发性、具体性、开放性，使学生明确学习的目标，让学生在好奇、质疑中产生探索问题的欲望。

（2）探究体验，得出结论阶段

在问题提出的基础上，运用实验探究或理论探究，启发和引导学生理顺解决问题的思路，提出解决问题的具体方案（如实验设计），通过分组实验展示实验成果、小组讨论等开放性方法；通过理性分析，让学生经历解决问题的过程，得出探究的结论。

（3）自主建构，获取知识阶段

针对探究的结论，引导学生运用抽象与概括、归纳与总结等方法，用图表、网络等多种形式，自主建构本节课的知识体系，把探究的成果内化为自己的知识结构。

（4）巩固提升，发展能力阶段

在知识体系建构的基础上，通过例题分析、现象解释及问题拓展等，对本节课知识巩固、升华，使学生掌握解决实际问题的方法，培养学生解决问题能力。

2. 应用要点

（1）教学理念要坚持开放，给学生自主发展的空间

该教学模式需要坚持开放的教学理念，给学生自主发展的空间。教学空间开放，增加实验室的使用，为学生提供多种多媒体设施；教学组织形式开放，让学生个体、学习小组、师生学习共同体成为学习的主体；教学方式开放，使自主、合作、探究的学习方式更加普及，既有自主探究又有合作交流；交流评价方式开放，既有学生与教师交流评价，更有学生自我交流评价和与学习伙伴的交流评价。

（2）教学设计要侧重学生体验，让学生成为"发现"的主人

该教学模式重视学生在学习新知识过程中的探究，教学的重点在于培养学生的科学态度与科学精神。教师要把"发现"的任务交给学生，让学生成为"发现"的主人。教师在备课时可以将验证性实验改编成探究性实验，增加分组实验的机会，让所有的学生参与到实验和合作交流中，让学生体会实验的过程，体验探究的情境。

该教学模式更适合于基础年级的新授课教学，应用该模式教学时要注意处理好两个矛盾，一是探究活动的耗时性与课堂教学实效性的矛盾；二是探究活动的个性化学习与班级授课制的矛盾。

（三）以"体验创新"为主题的物理课外活动，是激发学生学习物理兴趣，培养学生创新能力的有效手段

基于"实践创新、自主发展"的教育思想，自2016年以来，我们课题组以"科技与创新"为主题，策划了"创意物理小发明""水火箭""自制简易马达"等多个物理课外体验活动项目。分个人项目和团队项目，个人项目侧重于培养学生的个人创新能力；团队项目侧重于培养学生的团队合作意识。每年物理科技创新活动均吸引高一、高二数百名学生的热情参与，活动至今超过1000名学生参与活动，为我校学生提供了一个实践创新、自主发展的平台，同时对

梅州地区多所学校起到了较好的示范和引领作用。

八、研究结论

本项研究的结果表明：在高中物理开展"生活体验"活动案例开发及教学实践中，符合新课程改革的要求，可以真正让学生动起来，在探究中求悟，在体验中求真，探寻物理本质，增强问题意识，发展实践创新能力，形成正确的科学态度和价值观，满足学生终身发展的需求。

生活体验式教学立足于中学物理教学实践，结合当代教育的基本理论，对于指导中学物理教学具有重要理论和实践价值。可以相信，随着中学物理教学研究的不断深入和发展，基于"生活体验活动"的物理教学越来越为人们所认知，它将在教学中不断被完善、提高，也能给教学带来更大的效益。

九、研究后的思考

中学物理教学"生活体验"活动的范围很广，本项研究只进行了初步的探讨，在课堂教学活动案例的开发及课外活动设计上有的还不够全面、合适，可以进一步探讨。中学物理教学"生活体验"活动效果的评价也可做进一步完善，以便使相关评价更科学、准确。

开展物理课堂（课外）生活体验活动成功与否的关键在于体验问题设计得是否合理、适中。一般应注意以下几点：一、目标要明确；二、难度要适中；三、梯度要合理；四、角度要新颖。

基于生活体验的教学对提高学生的物理学习兴趣起到了积极的促进作用，由于学生始终要应对各项考试，所以避免不了要接受常规教学方式和典型题型的训练，因此，生活体验的课堂教学不能完全取代传统的教学模式，只能将两者融合，达到最佳效果。

"基于生活体验的有效教学与普通物理教学对比"调查分析报告

落实高中物理课程目标，通过利用"生活体验开展高中物理教学研究与实践"，改变教师传统的教学理念，促进教师在教学实践中不断探索、反思和总结，不断提炼成功有效的经验，从而促进教师专业发展。同时，唤醒学生的学习兴趣，激发学生探索积极性，使学生具有终身学习的意识和能力。现通过对同一年级的生活体验有效教学与普通物理教学的班级成绩进行对比，对基于生活体验的高中物理有效教学实践研究是否具有普遍意义和推广的价值。

一、调查对象与研究方法

（1）调查对象：曾宪梓中学高一年级608名学生。

（2）研究方法：采用成绩对比法和问卷调查法，进行较为全面、细致的调查了解，并对调查结果进行细致的分类和完全统计。

二、调查结果

采集了高一、高二两个年级一整个学年的成绩，对比如下图所示。

图1、图2、图3为高一整个学年的各班成绩比对，包括从每次月考的平均分比较，一学年整体的成绩比较以及高一各班整体排名变化。可以看到采用了生活体验开展高中物理教学的班级（4班、5班、6班）中，4班、6班整体在成绩上有较好的表现，但是也没有特别突出。

图4、图5为高二整个学年的各班成绩比对，包括每次月考的平均分比较和一学年整体的成绩比较。

高中教师的教学任务不仅是上课讲了多少，更看重学生学习了多少。通过对高一、高二的成绩分析，发现基于生活体验的课堂教学对学生学习物理概念起到了一定的积极作用，但是基本题型的训练，不管教师的教学采用怎样灵活有趣的教学方法，学生始终要应对各项考试，所以避免不了典型题型的训练。

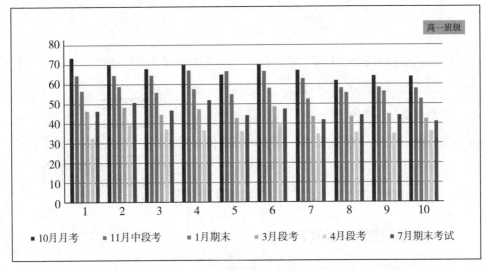

图1 高一2017—2018学年各班每次月考的平均分比较

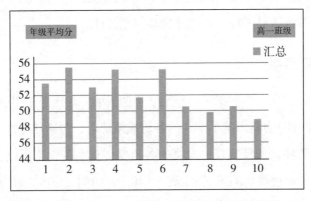

图2 高一2017—2018学年各个班级的平均分比较

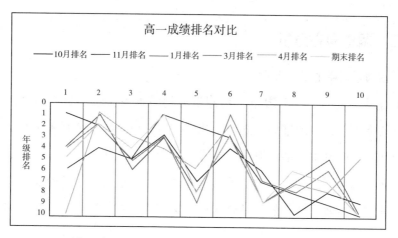

图3 高一2017—2018学年各班每次月考的排名变化

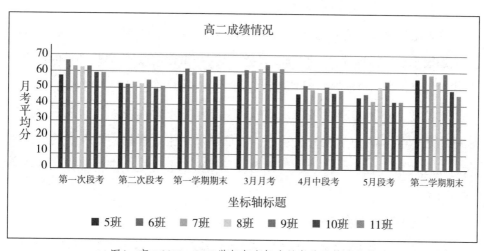

图4 高二2017—2018学年各班每次月考的平均分比较

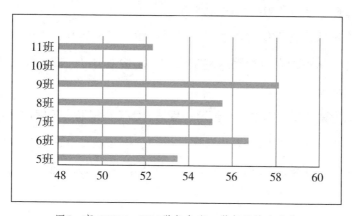

图5 高二2017—2018学年各班一学年平均分比较

三、调查问卷分析

1. 物理学习中的障碍和困难

调查结果表明，大多数学生物理学习的困难来自解题时找不到切入点，不知从何下手。其余困难为概念、公式记不住，或规律、情景不清楚。其实，在物理问题的解答中，基本概念、基本公式和物理规律是基础，也是解题的切入点。而物理情境的创设，则与语言的表达、理解能力、生活经验等有关。为此，在教学中，教师要多强调基础知识的重要性，督促和帮助学生切实掌握好基础知识，再进一步提高学生应用知识的能力。

2. 学习物理的兴趣与听课情况

调查结果表明，有将近半数的学生对物理学习不感兴趣。可以预料，这些学生是很难学好物理的。对物理没兴趣，就不可能轻松记住那些必需的概念、公式和规律，更不可能熟练对其进行应用，感到物理难也是理所当然的。

要使学生对物理产生兴趣，教师的引导起着重要作用，教师只有通过生动的物理教学，集中学生的注意力，才能调动学生听课的积极性。此外，幽默、风趣的语言表达，科学、严谨的教学风格都会对学生产生很强的感染力和感召力。

3. 学习物理的态度与成绩

绝大部分学生（81.9%）在受调查时坦然承认自己并未努力，表明部分学生缺乏学习目标和学习动力，自制力薄弱。

要改变现状，就要帮助学生树立学习目标，明确学习目的和学习意义，使学生从思想上认识到学习物理的重要性，增强学生学习的自主性，从而让学生产生学习的动力。

4. 学习方法与学习习惯——预习、复习、练习、求助、巩固提高

调查结果显示，按以上五步顺序学习的学生并不多，这说明学生在学习中并没有真正领会和掌握学习的一般方法，导致学生学习效率低下。

四、解决办法

1. 培养学生预习的好习惯

预习、听课、复习、练习是尽人皆知的学习方法，而且是很有效的学习方法。这是学生获得学业成功的前提条件之一。

2. 培养学生的成就感

成就感是学生获得学习动力的重要因素。学生通过学习掌握一定的基础知识，然后应用习得的知识解决问题，取得好的成绩，能使学生想要成功的愿望得到满足，这样学生获得了成就感，才会有兴趣继续学习，争取更大的成功。

3. 具体做法

（1）拟订预习题目，课前发给学生，要求学生在上课前认真阅读课本，完成预习题。

（2）提出预习标准，上课时检查预习情况；可以逐个检查，也可以提问方式抽查。

（3）根据学生实际情况，有侧重地进行讲解。

（4）联系生活实际，鼓励学生多积累，多训练基础题。抓住难、重点，多锻炼学生思维能力，在教学中教给学生学习方法，培养学生独立思考的能力。

五、结语

总之，有了良好的学习习惯和正确的学习方法，学生的物理成绩自然会逐步提高，从而激发学生对物理学习产生较高的兴趣，增强学生的学习信心和动力，促使学生主动寻找适合自己的学习方法，克服学习中的困难，进一步提高物理成绩，从而进入良性循环。

附：

高中物理学习情况调查问卷

亲爱的同学：

你好！本问卷调查是为了了解你的物理学习现状、学习中存在的问题和困难之处以及你对物理教学的建议，以便教师与学生之间有效沟通、交流。本问卷绝不会影响教师对你的态度，也不会给你带来任何不便之处，反而会有助于教师改进教学方法，提高教学效果。请同学们根据自己的实际情况，认真、如实地回答下列问题。

你的回答对我们的研究具有重要意义，非常感谢你的合作！

说明：

1. 请根据你本人的实际情况作答，答案没有对错之分。

2. 答题时看懂题目内容即可回答，不必费时考虑，不要参考别人的回答。

3. 本问卷采取无记名方式进行，对答卷人信息严格保密。

问卷：

1. 你的性别（   ）。

A. 女   B. 男

2. 你所在的物理课堂是（   ）。

A. 教师的教授为主的课堂

B. 学生的自学为主的课堂

C. 教师的教结合学生的学的课堂

3. 你在物理课堂上参与学习的情况是（   ）。

A. 积极主动地参与   B. 较少积极参与

C. 基本不参与

4. 你所在的物理课堂气氛（   ）。

A. 非常活跃   B. 较活跃   C. 一点也不活跃

5. 你认为以下哪种学习方式对物理学习效果更佳？（   ）

A. 教师讲授   B. 学生自学   C. 教师的教结合学生的学

6. 你课余时间会和其他同学在教室或者网上讨论物理课程内容吗？（   ）

A. 经常讨论   B. 有时讨论   C. 没讨论过

7. 对物理而言，课后学习目标是否明确？（   ）

A. 明确   B. 不明确   C. 开始明确后来模糊

8. 你在高中的物理课上你的注意力一般能持续多长时间？（   ）

A. 整节课   B. 三十分钟左右   C. 二十分钟左右   D. 十分钟左右

9. 你更希望物理教师给你哪方面的指导？（　　）

A. 知识的讲授　　　　　　　　　B. 生活中的问题

C. 学习方法的指导　　　　　　　D. 对学习有帮助的网站

10. 你觉得物理老师在教学过程中进行学法指导（　　）。

A. 很有必要　　　B. 应该需要　　　C. 无所谓　　　　D. 没必要

11. 你喜欢什么样的物理老师？（　　）

A. 知识渊博　　　B. 和蔼可亲　　　C. 教学方法新颖　　D. 严格要求

12. 你在高中是否常受到物理老师的表扬？（　　）

A. 常常受到老师的表扬　　　　　B. 较少受到老师的表扬

C. 几乎没有　　　　　　　　　　D. 无所谓

13. 你认为物理老师的表扬对你学习物理的兴趣有无影响？（　　）

A. 很大　　　　　B. 较大　　　　　C. 一般　　　　　　D. 没有

14. 在高中的课外时间，你是否有通过教学辅导材料加强对物理的学习？
（　　）

A. 经常，已成为习惯　　　　　　B. 偶尔

C. 从来没有　　　　　　　　　　D. 不清楚

15. 进入高中后，对于新学的物理知识点，你有足够的时间进行巩固吗？（　　）

A. 经常，已成为习惯　　　　　　B. 偶尔

C. 从来没有

16. 在高中，上完物理课以后你通常（　　）。

A. 连书上的东西都常搞不懂

B. 知道书上的公式，有时不理解，不会应用

C. 懂得用书上的公式，会算题，但运用不够灵活

D. 对课本知识理解较好能融会贯通

17. 如果没有人督促，你是否会主动学习物理？

A. 会　　　　　　B. 有时会　　　　C. 不会

18. 你在学习高中物理过程中关于课后作业：（　　）。

A. 独立按时按质完成　　　　　　B. 能按时完成，但有抄作业的行为

C. 有时不完成作业　　　　　　　D. 经常不完成作业

19. 你在完成物理作业时遇到困难怎么办?（　　）

A. 向老师请教　　　　　　　　　B. 向同学请教

C. 空在那儿，等老师讲　　　　　D. 拿同学的作业抄一遍了事

20. 你在考试后做了哪些工作?（　　）

A. 仔细分析考试得失，找出问题并加以解决

B. 分析得失，明确问题，但未想办法加以改正

C. 关心成绩，有订正错误，但无总结分析存在问题

D. 不关心成绩，也没订正试卷错误

21. 你在学习物理过程中作业订正情况如何?（　　）

A. 坚持订正错误并及时理解　　　B. 坚持订正错误但不能及时理解

C. 有时订正错误　　　　　　　　D. 从不订正错误

22. ［多选题］你在解答物理习题的时候，你经常（　　　）。

A. 读不懂题目的意思或找不出题目的隐含条件

B. 虽能读懂题目，但数学解题能力不行

C. 对物理公式的意义和适用条件（适用范围）搞不清

D. 老师分析能听懂，但是自己做题就不行

23. 影响你学习物理成效的主要因素是（　　）。

A. 没有足够的学习时间　　　　　B. 问题理解不透

C. 学习资源不能满足要求　　　　D. 上课不够专心

24. 你认为造成你学习物理困难的最主要原因是（　　）

A. 物理知识点掌握不牢固

B. 抽象思维能力差，物理情境无法建立

C. 数学能力差

D. 理解能力不好，物理公式不能灵活应用

25. 你在高中物理习题讲评时的状态是（　　）。

A. 一听就懂，并举一反三

B. 听得懂，但常不会解同类型题

C. 听得吃力，过后找机会慢慢弄懂

D. 听得吃力，过后不了了之

26. 在高中物理题型中，你认为自己最没把握的是（　　　）

A. 选择题　　　　B. 填空题　　　　　C. 实验题　　　　　D. 计算题

27. ［多选题］在物理实验方面，你觉得（　　　　）。

A. 高中的实验原理和现象比初中的实验原理和现象复杂

B. 高中的实验步骤比初中的实验步骤难很多

C. 高中的实验数据处理比初中的实验数据处理方法难很多

D. 高中的实验设计要求比初中的实验设计要求难很多

28. 高中与初中使用的教材相比，在内容难易方面你觉得（　　　）。

A. 太深奥了，无法与初中物理衔接

B. 不是很深奥，只是初中太简单了，所以初中的物理知识帮助不大

C. 内容深了，但与初中也很有联系

D. 难度差不多

29. 你喜爱怎样的物理教学形式？（　　　）

A. 满堂灌　　　　B. 师生互动

30. 你对自身的物理学习有没有信心？为什么？

31. 你对以后的物理教学有什么建议？

放飞科学梦想

——曾宪梓中学2023年校园科技创新节活动成果

为了丰富校园文化生活，充分挖掘学生内在的潜力，展示学生个性特长，提高学生综合能力，丰富校内科技活动，学校研究决定举办2023年校园科技创新节，特制订本实施方案。

一、指导思想

通过开展丰富多彩的科技活动，营造良好的科技氛围和创造良好的活动条件，激发全体师生爱科学、学科学、讲科学、用科学的热情，培养学生"勇于探索、敢于创新"的精神，启迪学生创新，提高学生审美情趣，锻炼学生双手的灵活性和协调性，帮助学生建立耐心和细心的习惯，提高学生的动手动脑能力，培养学生创新精神和实践能力，从而提高学校科技教育的质量，拓宽学校科技教育的渠道，促进学生的全面发展，为学生一生的发展奠定基础。

二、活动主题

放飞科学梦想，创新伴我成长。

三、活动对象

对象：高一、高二年级学生。

四、参与学科

数学、物理、化学、生物、地理、信息技术、通用技术等。

五、活动时间

2023年2月8日—4月28日

六、组织机构

成立梅州市曾宪梓中学"2023年校园科技创新节"工作领导小组。

组　长：林　敏

副组长：罗柳林　王海英　刘　崎

成　员：杨文坚　何妙珍　邹剑锋　薛晓星　曾定能　谢名缰　冯兆明
吴焕明　姚粤平　杨晓焕　陈亚东

七、活动步骤

1. 宣传发动阶段：2月8日—25日

校内悬挂横幅，张贴宣传海报，利用班会、校园广播等营造氛围，进行宣传，相关学科制订活动方案，组织学生报名，初定于2月25日（周六）举行2023年科技创新活动开幕式活动。

2. 组织实施阶段：2月26日—4月22日

安排相关学科教师开设学科专题讲座（校园讲坛），组织师生开展各类活动，组织各项成果比赛、展示，邀请市内、外相关科普协会进校宣传，举办校园开放日。

3. 总结表彰阶段：4月23日—28日

活动总结、成绩汇总，进行表彰，初定于4月24日（周一）举行2023年科技创新活动闭幕式活动。

八、活动项目

（1）每周一讲座：相关学科准备1个专题讲座（附1）。

（2）教师亮绝活：相关学科教师准备1—2个展示项目（附2）。

（3）学生成果展：每班准备若干个比赛项目（附3）。

（4）科学进校园（邀请市内、外科普协会进校宣传）。

九、活动要求

1. 坚持全员参与、点面结合

既要让每个学生都在活动中得到锻炼，在活动中得到发展，又要注意参赛项目的质量，确保本次科技节顺利进行。

2. 体现特色、突出个性

活动可采用小组（五人以下）合作形式，也可采用个人单独活动形式；课内与课外相结合；学校与社会、家庭相结合；普及与提高相结合；各班学生全体参与。

十、评奖工作

（1）由学校统一组织评审委员会，具体负责本届科技节中各项活动成果评审的组织工作。

（2）根据比赛的内容和参赛的人员数量设立奖项。

（3）本次活动根据班级活动的成绩，评选出科技节优秀班级若干名。

（4）本次活动中各学科、班级的参与和获奖情况将作为评选文明年、优秀学科组的考核内容之一。

2023年校园科技创新节——数学组方案

为了增强我校学生的创新意识和实践能力，促进学生科学素养的提升，推动我校科技创新活动有效开展，决定由科学创新小组负责举办本次科技创新作品竞赛活动。

（一）竞赛主题

放飞科学梦想，创新伴我成长。

（二）活动口号

科技伴我成长，科技成就未来，用大脑去思考，用双手去创造。

（三）竞赛对象

高一、高二年级学生，参与科技实践活动项目人数不限。

（四）参与形式

自愿报名，积极参与。

（五）竞赛内容

科技创新项目活动成果，制作立体模型。

（六）活动计划

前期宣传：爱科学活动月，进行宣传、观摩、科技创新讲座、教师亮绝活等。在科技节内，各班开展以科技为主题的黑板报评选活动，在科技专题栏上刊登科技知识等相关科学文摘，在校园内展示横幅等科技活动口号，加大宣传力度。

（七）活动步骤及时间

第一阶段（2月8日—25日）：活动启动，向学生进行科普（宣传，观摩，讲座等）。

第二阶段（2月26日—4月10日）：活动实施，确定课题，提交方案，科技制作（考察，学习，交流），制作材料不限（如黏土、皮纸、木条、钢丝等材料不限）。

第三阶段（4月11日—22日）：活动结束，集中材料（收集，整理）。

第四阶段（4月23日—28日）：科技奖成果现场展示。

（八）作品上交及评选时间

（1）参赛作品按要求贴上标签，在规定时间内分别上交至相关负责人处，由组委会统一评选。

（2）作品上交截止时间：4月22日。

（九）奖项设置

（1）单项奖：以年级为单位设一、二、三等奖若干，分别颁发获奖证书和奖品。

（2）团体奖：以年级为单位设团体奖1项。

（十）活动总要求

（1）坚持全员参与、点面结合，既要让每个学生都在活动中得到锻炼和发展，又要注意参赛项目的质量，以确保本次科技节顺利进行。

（2）各班要广泛宣传，营造氛围，精心组织，积极参与，讲究实效，在普及科技教育和普及参与的基础上，指导精品参加市省级竞赛。

（十一）经费预算

材料、奖品和奖金预算人民币2000元。

2023年校园科技创新节——物理组方案

高一物理备课组

（一）活动目的

本次活动旨在激发学生的科技创新激情，培养学生的创造力、动手能力，使学生初步了解汽车制造的基本步骤；实践简单的动力原理。在校园内形成开展科技小发明、小制作的良好风气，活跃校园文化生活。并给学生提供展示自我、贴近科技的机会。通过本次活动的开展，增强学生学习物理的兴趣。

（二）比赛项目

1. "势能驱动车"制作和比赛活动

比赛流程：

（1）第一阶段各班学生自己制作。此次活动采用自愿报名原则，在3月24日前制作好，并上交给年级负责的物理教师。

（2）学生制作好的势能驱动车统一在校篮球场上竞赛，统一运动起点，比运动的距离，按运动距离远近排名。不能运动的小车则评美观创意奖（非自制小车不能参赛）。

2. 无动力飞机制作和比赛活动

比赛流程：

（1）第一阶段各班学生自己制作。此次活动采用自愿报名原则，在3月24日前制作好，并上交给年级负责的物理教师。

（2）学生制作好的无动力飞机统一在校足球场上竞赛，统一运动起点，比运动的距离，按运动距离远近排名。不能运动的飞机则评美观创意奖（非自制飞机不能参赛）。

（三）奖励方案

分别评一、二、三等奖若干名，颁发奖状和奖品。

（四）报名时间

3月11日—15日

（五）报名方式

在报名时间内，以班级为单位组织学生报名，3月15日（星期五）下午5点前，各班物理科代表将报名表交给各年级负责教师。

高二物理备课组

（一）活动目的

将课堂所学的知识运用于实践，培养学生的动手能力和热爱科学的兴趣。

（二）活动对象

高二年级。

1. 个人项目："创意物理小发明"制作和展示活动

"小发明"制作物理原理：学生自选知识点，各班报名项目不限。

2. 比赛项目1：肥皂动力小船

"肥皂动力小船"制作和比赛活动（《三体》中的曲率引擎驱动飞船模型，用表面张力来模拟空间曲率驱动）。

奖励方案：分别评一、二、三等奖若干名，颁发奖状和奖金（或奖品）。

报名时间：3月11日—15日

3. 比赛项目2：飞水流星

应用水流星方法运水到指定地点比赛，在相同时间内以运水多者为胜。

每班可组织两个团队（每个团队成员5人）。

奖励方案：分别评一、二、三等奖若干名，颁发奖状和奖金（或奖品）。

报名时间：3月11日—15日

报名办法：在报名时间内，以班级为单位组织学生报名，3月15日（星期五）下午5点前，各班物理科代表将报名表交更给各年级负责教师。

2023年校园科技创新节——化学组方案

高一化学组

（一）活动目的

化学与生活、社会生产、科技发展密切相关。化学是一门以实验为基础的自然科学，新课程标准强调通过化学实验培养和发展学生的实验探究与创新意识。因此，拟借助学校化学科技节活动，通过化学趣味实验，激发学生学习化学的兴趣，培养学生的自主探究能力，发展学生的创新意识和实验操作能力。

（二）活动对象

高一化学兴趣小组成员。

（三）比赛项目

覆铜版图画、彩晶雨、铁树开花、水中花园、蓝玫瑰与风铃。

（四）奖励方案

根据各组参与情况，评出一、二、三等奖，颁发奖状和奖金（或奖品）（如表1所示）。

表1　评分表

实验方案书写	实验是否达到预期效果	实验现象是否可以吸引眼球	创意	总分
2	3	2	3	10

（五）报名时间

2月24日—28日

（六）报名办法

在报名时间内，以班级为单位组织学生报名，2月28日（星期二）下午5点前，各班科代表将报名表交给负责老师。

（七）组织实施时间

3月1日—4月22日

（八）经费预算

奖品或奖金1000元

高二化学组

（一）活动目的

丰富校园生活，挖掘学生内在潜力，展示学生综合能力，带动学生将课堂所学知识运用于实践，培养学生的动手能力和热爱科学的兴趣；重点发展学生的"科学探究与创新意识""科学态度与社会责任"等核心素养。

（二）活动对象

高二年级六个选考化学班。

（三）比赛项目

黑木耳中铁含量的测定、地沟油制肥皂、制作铜版画。

以个人或小组为单位。

（四）奖励方案

分别评一、二、三等奖若干名，颁发奖状和奖金（或奖品）。

（五）报名时间

2月8日—25日

（六）报名办法

在报名时间内，以班级为单位组织学生报名，2月25日（星期六）下午5点前，各班科代表将报名表交给负责老师。

（七）组织实施时间

2月26日—4月22日

（八）经费预算

奖品或奖金1000元

2023年校园科技创新节——生物组方案

高一生物组

结合我校生物课程和生物实验的教学实际，为活跃学生学习生物课程的氛围，提高学生学习生物课程的兴趣，培养高一学生的模型、标本的制作和劳动实践能力，鼓励中学生大胆创新，在我校每年一届的科技节即将来临之际，我们高一生物备课组特举办这次与生物课程相关的比赛。

（一）活动主题

动手体验生命的神奇。

（二）参赛对象

高一年级全体学生。

（三）参赛内容

（1）作品要求突出科学性、创新性，构思新颖，能展现出当代中学生的能力与风采。

（2）参赛者可大胆创新，选择不同的材料制作模型。

（3）参赛作品可为细胞模型、细胞膜的结构模型、物质结构类模型（DNA、蛋白质结构模型）、细胞分裂类模型（有丝分裂、减数分裂）、动植物标本和叶脉书签、躬耕园活动记录（菜地种植规划、蔬菜长势）等。

（4）成果呈现形式：模型（手工制作或绘画）、标本、文字说明及照片等资料。

（四）活动进程安排

本次活动主要分为作品征集、作品评审、结果公示三个阶段。

第一阶段：作品征集（截止到4月8日）

全体高一学生，须以组队形式参赛。每班至少1个队，每队人数不限。每个队最少上交1个作品，多者不限。

第二阶段：作品评审（4月10日—15日）

活动组织方将组织评审团成员（教师负责组织）对上交作品进行初审。通过初审的作品进入决赛，参赛人员结合自己实体模型或方案文件等形式进行展示，评审成员确立最终成绩。

第三阶段：结果公示

通过校园媒体以及校园公告的形式对获奖作品予以公示。

（五）奖项设置

一等奖10名、二等奖20名、三等奖30名。

（六）作品上交方式

将制作好的生物模型或生物标本于4月8日之前交到高一年级通用技术教室。

高二生物组

"果酒、果醋的制作" "泡菜的制作" "腐乳的制作" "酸奶的制作"是高中生物课本选择性必修3第1章《发酵工程》中的探究实践内容，也是高考的考试要求内容。为了培养学生对生物学科的兴趣和探究精神，借此科技创新节，高二生物备课组计划把具有客家特色的糯米酒的制作、泡菜的制作及腐乳、酸奶的制作作为生物专题开展活动。

（一）活动目的

将课堂内容运用于实践活动，培养学生将理论知识应用于实际生活的能力、对生物学科的兴趣和探究精神。

（二）活动对象

高二年级8个选考生物的班级。

（三）活动方式

泡菜、糯米酒、腐乳、酸奶的制作过程和成品展示，选出较好的班级评出一、二、三等奖。

（四）活动时间

2023年2月28日—4月22日

（五）经费预算

蔬菜、糯米、配料等材料费及奖金1000元

2023年校园科技创新节——地理组方案

（一）活动目的

培养学生的创新精神和地理实践能力是新课标新教材对中学地理教学的必然要求，更好地落实新课程改革的理念和目标，促进地理学科核心素养落地，培养学生的探究能力和创造思维能力，并丰富学生的文化生活、课外学习，进一步提高高一、高二年级全体学生的地理专业水平，激发学生的地理兴趣与爱好，展现学生的创新、实践、探究精神。

（二）活动对象

高一年级全体学生、高二年级4个地理选考班学生。

（三）梅园讲坛

负责教师：吴悦宏。

主题：地理学科前沿、地理学科应用领域。

（四）教师亮绝活

负责教师：肖强新。

主题：展示教学工具。

（五）比赛项目

（1）手抄报（海洋利用与气候、生态）（个人或2—3人一组）。

（2）气象科普小视频（2—3人一组）。

（3）气象小实验（5—6人一组）。

（六）奖励方案

一、二、三等奖若干名，颁发奖状和奖金（或奖品）。

（七）报名时间

2月8日—25日

（八）报名办法

在报名时间内，以班级为单位组织学生报名，2月25日（星期六）下午5点前，各班科代表将报名表交给各班级科任教师。

报名汇总负责人：

高一：邹雪峰老师。

高二：凌春园老师。

（九）组织实施时间

2月26日—4月22日

（十）经费预算

奖品或奖金1000元

2023年校园科技创新节——信息、通用技术组方案

（一）活动宗旨

为拓展我校学生的学习空间，丰富学生课余生活，提高学生的电脑操作能力和动手动脑能力，增强学生创新意识，进一步推进素质教育，提升学生的信息素养。

（二）参赛对象

高一、高二的学生。

（三）作品主题

我、科技、未来。

（四）作品形式

（1）电脑制作：电脑绘画、电脑动画、网站（网页）设计、程序设计、自动控制、视频等使用计算机制作的各种作品。

（2）如无制作条件，也可以只写出创造发明创意，包括设计思路、设计原理、设计图纸等。

（3）其他科技小发明或者创意等。

（4）科技创新小制作，如利用身边的旧电器、旧玩具、旧包装等物品，运用科学原理进行自主创新。比如，发现生活用品、学习用品中的不足、缺陷，发明创造出可以弥补相应不足与缺陷的小发明。并将之制作成可以操作使用的实物作品或实物模型（需要画出模型三视图）。

（5）科幻绘画作品可以使用电脑绘画或者使用A3纸实际绘画。作品要具备想象力、科学性、绘画水平（设计、色彩、技巧）、真实性（必须自己原创，不得临摹或抄袭他人作品）。

（五）设备使用

城区学生周末可以回家利用家中设备制作，如果需要学校提供设备的，须报名后信息技术教师根据报名情况，安排计算机制作。

（六）作品上交

在规定的时间内将作品上交到电教办公室。

（七）奖励方案

分别评出一、二、三等奖若干，颁发奖品、奖金。

曾宪梓中学2023年校园科技创新节活动总结

科学技术是第一生产力，人类的进步、社会的发展，都依赖于科技的发展和创新。党的二十大报告指出，要加快实现高水平科技自立自强，人才与创新至关重要。

为全面提高我校学生的科学素质和创新精神，让学生在科技活动中学会探究、学会合作、敢于创新，我校于2023年3月13日至5月7日举办了为期近两个月的校园科技创新节。经过精心筹划和紧张准备，今天，全体师生在宪中学术报告厅总结和分享本届校园科技创新节活动成果。

图1　闭幕式

本届校园科技创新节以"放飞科学梦想，创新伴我成长"为主题，从今年2月初策划、启动到5月初活动成果展示，历时长，项目多，参与面广，创新成果硕果累累，最终圆满落幕。分别有数学、物理、化学、生物、地理、信息技术等6个学科参加，共开设科技相关讲座（梅园讲坛）7场，高一、高二年级共有600多人次参加比赛，最后有251件作品获奖，6个班级获得优秀组织奖，其中两项作品获得本届校园科技创新节最佳创意奖，规模和成果创历史之最。

数学学科组举办了数学模型制作大赛活动和数学小论文评比。高一、高二年级各收到10多件学生精心制作的数学立体几何模型，学生切合教学实际，直观

图2　数学科学组

展示了测量和立体几何有关数学模型中的一些重要情景，制作精良，对本校数学教学有很好的辅助作用。

物理学科组组织了四项比赛，高一开展了"无动力航模"和"势能驱动车"的比赛。高二开展了"肥皂动力小船""简易电磁炮"等的制作和表演活动。由于赛前的充分准备，大家都胸有成竹，前来观看比赛的同学比肩接踵。同学们在紧张激烈的比赛过程中，相互合作、集思广益，有条不紊地完成了比赛项目。

图3　物理科学组比赛

化学学科组开展学生化学创新实验。高一、高二全体化学老师精心设计了活动方案，创新实验取得一定成效。师生利用课余时间进行探索、实验、改进，最后取得理想的成果，激发了学生的潜能，并让学生对学习化学更有兴趣。整个过程师生一起面对，一起探讨，一起创新，让我们不仅领略了化学之美，还收获了探究过程中的各种体验，感受到了科学探究的魅力。

图4　化学实验

　　生物学科组也精心组织、策划活动，每位教师认真负责，做好详细的活动方案。高一年级的作品有真核细胞结构模型、减数分裂模型、生物膜模型、

图5　生物学科组活动

病毒模型、细菌模型、叶脉书签和菜园日记等。高二年级学生主要结合选择性必修3，制作了一些发酵产品，如泡菜、糯米酒、葡萄酒、各式酸奶等。学生在整个过程中表现出很高的积极性，集体意识非常强，充分发挥出集体的智慧和力量。

此外，地理、信息技术组也通过形式多样的活动项目、丰富多彩的活动内容，展示各项比赛和成果。

本届科技创新节的举行，得到宪中优秀校友们的大力支持，他们有的亲临学校为同学们开设"梅园讲坛"，有的提供所在研究领域的高科技新产品让同学们感受科技之光。

2023年校园科技创新节虽然落下了帷幕，但是留在宪中全体师生心中的科技创新精神还会一直延续下去。这份科技创新精神是宪中的优良传统，会伴随着这片土壤上的一代代师生永远流传。这种精神就像一条河流，泽润着从这片土地上走出的每一名学生，从而点亮属于自己的兴趣之光，像我们优秀校友先行者在不同的科技创新领域一路领航。

附1：

学科专题讲座

学科	时间	主讲人	主题

附2：

教师成果展

学科	成员	名称

附3：

参赛报名表

班级	队长	成员
作品名称		指导教师
作品介绍（包含原理、材料、制作、效果等）		